Breve história da
União Soviética

Sheila Fitzpatrick

Breve história da
União Soviética

tradução
Pedro Maia Soares

todavia

*Em memória de três sovietólogos da minha vida americana que morreram enquanto este livro estava sendo escrito:
Jerry F. Hough (1935-2020)
Stephen F. Cohen (1938-2020)
Seweryn Bialer (1926-2020)*

*e de meu mentor de Moscou, o Velho Bolchevique com quem aprendi a comédia ácida da história soviética:
Ígor Aleksándrovitch Sats (1903-80)*

Introdução 9

1. A constituição da União 19
2. Os anos de Lênin e a luta pela sucessão 47
3. Stalinismo 75
4. A guerra e suas consequências 103
5. Da "liderança coletiva" a Khruschóv 131
6. O período Bréjnev 155
7. A queda 183

Conclusão 211

Agradecimentos 233
Leituras adicionais 235
Índice remissivo 241
Crédito das imagens 259

Introdução

O ano de 1980 deveria ser bom para a União Soviética. Enfim, 58 anos após sua criação e entrando no 16º ano da liderança tediosa, mas estável, de Leonid Bréjnev, o país podia relaxar e sentir que o pior já havia passado. Internamente, a normalidade fora alcançada; tempos melhores deviam estar por vir. Internacionalmente, o país se tornara uma superpotência após a Segunda Guerra Mundial; admitia-se que ainda estava atrás dos Estados Unidos, mas alcançara a paridade militar.

Foi uma jornada acidentada: uma revolução e uma guerra civil para começar, fome em 1921 e a morte prematura do líder revolucionário Vladímir Lênin em 1924. Então veio uma nova reviravolta, iniciada no final da década de 1920 pelo sucessor de Lênin,Ióssif Stálin, com industrialização em ritmo forçado e coletivização da agricultura camponesa, tendo por consequência a epidemia de fome de 1932-3. Em seguida, aconteceu, em 1937-8, o extraordinário derramamento de sangue dos Grandes Expurgos, que atingiu particularmente as elites comunistas, acompanhado pela Segunda Guerra Mundial, quando o antigo Estado pária se tornou um aliado do Ocidente. Com o fim da guerra e a vitória duramente conquistada veio a inesperada e repentina ascensão da União Soviética à posição de superpotência, no contexto da Guerra Fria com o Ocidente. Nikita Khruschóv, que se tornou o homem mais importante após a morte de Stálin em 1953, era um perseguidor de "planos malucos" que de novo levou a nação à beira da guerra durante a crise dos mísseis cubanos de 1961, antes de ser derrubado em 1964.

E então, por fim, Leonid Bréjnev assumiu o leme, o homem impassível e cordial que não balançava o barco e o conduziu para mares mais calmos, tendo entendido a aspiração dos cidadãos soviéticos a um estilo de vida mais próximo daquele dos Estados Unidos e da Europa Ocidental. A tarefa de Bréjnev foi facilitada por um bônus inesperado: o preço mundial do petróleo (do qual a União Soviética se tornara uma grande produtora e exportadora nas últimas décadas) dobrou a partir de meados da década de 1970 e em 1980 estava no patamar mais alto de todos os tempos.

Khruschóv havia prometido precipitadamente que o país alcançaria o comunismo pleno em 1980. O mais cauteloso Bréjnev engavetou isso em favor do "socialismo desenvolvido",

A causa de Lênin triunfa, com os inimigos derrotados a seus pés, nesta charge de 1980 de A. Leméschenko e I. Semiónova.

uma formulação anódina que representava, na verdade, o sistema econômico e político que já existia na União Soviética. Mas isso era o suficiente para a maioria dos cidadãos soviéticos. Eles queriam mais bens de consumo para si mesmos, não bens compartilhados comunitariamente, como seria sob o modelo comunista. Foi um momento pós-revolucionário, com a revolução sendo relegada à história. A geração que lutara por ela estava morta ou aposentada, e até mesmo a coorte (inclusive Bréjnev) que se beneficiara dela sob o regime de Stálin estava se aproximando da aposentadoria. Os próprios valores de Bréjnev ao envelhecer estavam mais próximos daqueles que os revolucionários costumavam chamar de "burgueses" do que daqueles que seus predecessores haviam defendido. (Numa piada amplamente divulgada na época, a mãe de Bréjnev pergunta ansiosamente sobre sua coleção pessoal de carros ocidentais caros: "Mas, Liónia, e se os bolcheviques voltarem?".)

Os padrões de vida subiram; o déficit habitacional anteriormente agudo havia diminuído; nenhum grupo nacional ou social ameaçava revoltar-se. A Constituição de 1977, que afirmava o sucesso da construção do socialismo na União Soviética, alardeava que "uma nova comunidade histórica de pessoas, o povo soviético", havia surgido. Na verdade, a União Soviética ainda tinha problemas: uma economia em desaceleração; uma burocracia pesada que mostrava pouco desejo ou capacidade para se reformar; explosões periódicas de descontentamento com a tutela soviética na Europa Oriental; dificuldades com os Estados Unidos e a détente; e, na própria União Soviética, o surgimento de um pequeno movimento "dissidente" com pouco apoio na população em geral, mas laços estreitos com jornalistas ocidentais. Depois que as tropas soviéticas entraram no Afeganistão, em 24 de dezembro de 1979, uma campanha internacional de boicote manchou os Jogos Olímpicos de Verão que haviam orgulhosamente começado em Moscou, em julho de 1980.

O Ocidente fizera da União Soviética um bicho-papão totalitário durante a Guerra Fria, equiparando o comunismo ao nazismo como a antítese da democracia ocidental, e um dos princípios dessa teoria era que um regime totalitário, uma vez estabelecido, era imutável e só poderia ser derrubado por uma força externa. Mas essa ideia pareceu menos plausível quando, após a morte de Stálin, o regime não somente não entrou em colapso, como se mostrou capaz de mudanças radicais. Em 1980, o "totalitarismo", embora permanecesse uma imagem poderosa e emotiva para o público ocidental, havia perdido sua atração para os acadêmicos, e os cientistas políticos americanos Stephen F. Cohen e Jerry Hough estavam entre seus contestadores. Mesmo nas hostes conservadoras, as esperanças nutridas por mais de sessenta anos de colapso iminente do regime soviético estavam sendo silenciosamente abandonadas.

Numa conferência dos principais sovietólogos americanos, Robert Byrnes observou que "todos nós concordamos que não há nenhuma probabilidade de que a União Soviética se torne uma democracia política *ou que entre em colapso no futuro próximo*" (grifo meu). Um importante texto da sovietologia americana, publicado pelo cientista político Seweryn Bialer em 1980, sustentava que era hora de os Estados Unidos desistirem das vãs esperanças de mudança de regime e aceitarem que a União Soviética estava ali para ficar. Em espírito semelhante, a Biblioteca do Congresso, em Washington, D.C., decidiu finalmente — depois de ter ignorado por décadas a existência da União Soviética devido à pressão dos emigrados e da Guerra Fria — incluir a União Soviética no catálogo de fichas da biblioteca. Foi uma decisão perfeitamente razoável e, como quase toda a comunidade de pesquisadores especializados concordou, muito atrasada. Porém, na prática, a biblioteca poderia ter evitado um problema. Dentro de uma década, enfim, não haveria mais União Soviética para catalogar.

Breve história (1924-91)

Quando estive na União Soviética pela primeira vez, como estudante de pós-graduação, pouco antes do cinquentenário da Revolução de Outubro, não esperava ser uma das estudiosas que escreveriam seu obituário no que teria sido seu centésimo aniversário. Sua duração ficou aquém dos setenta anos regulamentares — apenas alguns anos a mais do que a expectativa de vida dos cidadãos soviéticos nascidos no final da era soviética (67), que era quase o dobro da expectativa de vida dos nascidos em seu começo.

As narrativas dos historiadores tendem, por sua natureza, a fazer com que os eventos pareçam inevitáveis. Quanto melhor a explicação, mais o leitor é levado a sentir que não poderia ter havido outro resultado. Mas essa não é minha intenção com esta *Breve história*. Minha opinião é que há tão poucas inevitabilidades na história humana quanto há nas vidas individuais que a compõem. As coisas sempre poderiam ter sido diferentes, não fosse por encontros acidentais e cataclismos globais, mortes, divórcios e pandemias. No caso soviético, estamos lidando com revolucionários que, seguindo Marx, pensavam ter a história gravada e saber, em linhas gerais, o que esperar em qualquer estágio histórico. "Acidental" (*slutcháino*) e "espontâneo" (*stikhíino*) sempre foram termos pejorativos no uso soviético, pois denotavam coisas que, de acordo com o plano, não deveriam acontecer; também estavam entre as palavras mais comuns do léxico soviético. Esses mesmos revolucionários marxistas, dedicados à noção de subordinar o ambiente natural e econômico ao planejamento humano, chegaram ao poder em outubro de 1917 para sua própria surpresa e, contrariando sua análise teórica da situação, de modo quase acidental.

As ironias abundam na história soviética que estou prestes a contar e, com certeza, isso é, em parte, consequência da convicção dos revolucionários de que tinham no marxismo uma ferramenta de decodificação universal. Ele lhes dizia, por exemplo, que as sociedades estavam divididas em classes antagônicas, cada uma com seus próprios representantes políticos, e que o partido deles — de início, a facção bolchevique do Partido Operário Social-Democrata Russo e, a partir de 1918, o Partido Comunista — representava o proletariado. Isso estava às vezes correto e às vezes não, dependendo das circunstâncias, mas, de qualquer modo, tornou-se cada vez mais irrelevante: depois que o partido assumiu o poder, logo ficou claro que sua principal função no que dizia respeito aos trabalhadores e camponeses que o apoiavam era oferecer a chance de mobilidade ascendente (um processo não reconhecido na teoria marxista).

A teoria dizia aos bolcheviques que o novo Estado soviético multinacional era um animal totalmente diferente do antigo Império Russo multinacional, apesar da substancial coincidência de suas fronteiras, e que seu centro não podia praticar a exploração imperialista de suas periferias porque, por definição, o imperialismo era "o estágio mais avançado do capitalismo" e completamente estranho ao socialismo. Como veremos, trata-se de uma proposição mais razoável, em particular nas primeiras décadas, do que pode parecer à primeira vista; por outro lado, não é difícil ver por que as pessoas em regiões não eslavas da periferia sentiam, às vezes, que estar sob o olhar da Moscou soviética não era totalmente diferente de estar sob o olhar da São Petersburgo tsarista.

A visão ocidental do sistema soviético como "totalitário" não pretendia ser lisonjeira. Mas, do ponto de vista soviético, quase poderia ser visto como um elogio, pois era uma imagem espelhada da própria autoimagem do Partido Comunista como o líder onisciente que estabelecia um curso estável com base na ciência e no planejamento, com tudo sob controle até o último detalhe. As muitas mudanças "acidentais" de curso e desvios "espontâneos" ao longo do caminho eram simplesmente irrelevantes para esse grande esquema, embora tenham um papel importante na minha *Breve história*. Obviamente, elas não eram irrelevantes para a vida das pessoas que viviam na União Soviética, e a distância entre a retórica oficial e a experiência vivida era o material do gênero tipicamente soviético de piadas políticas (*anekdóti*) que borbulhavam sob a superfície como comentários constantes e irreverentes. O contraste entre "na teoria" (uma frase soviética comum que provoca desconfiança imediata, como "francamente" no Ocidente) e "na prática" era um dos pontos principais da *anekdot* soviética. Outro era o conceito marxista de dialética, que sustentava que fenômenos socioeconômicos, como o capitalismo, continham em si seus próprios opostos (o socialismo, no caso do capitalismo). *Dialetika*, uma palavra estrangeira, era um conceito filosófico adotado de Hegel, mas a prevalência de aulas obrigatórias de "alfabetização política" significava que a maioria dos cidadãos soviéticos estava familiarizada com sua notável capacidade de explicar aparentes contradições. A piada dialética soviética por excelência era esta formulação antifonal:

> (*Pergunta*) Qual é a diferença entre capitalismo e socialismo?
> (*Resposta*) O capitalismo é a exploração do homem pelo homem, e o socialismo é a substituição do capitalismo pelo seu oposto.

A previsão marxista de que o capitalismo acabaria por entrar em colapso e ser substituído pelo socialismo (o indelicado "Vamos enterrar vocês!" de Khruschóv) foi um conforto para os comunistas soviéticos enquanto lutavam contra o "atraso" histórico da Rússia para construir uma sociedade moderna, industrializada e urbanizada. Eles fizeram isso, mais ou menos, até o início da década de 1980. O poder e o status soviéticos

"Sessenta anos e ainda dói" é o título da charge de E. Gúrov para o Dia do Exército Vermelho (23 de fevereiro de 1978). Ele mostra um lorde inglês ainda sofrendo com o fracasso da intervenção britânica na guerra civil russa.

foram reconhecidos em todo o mundo. O "homem soviético" tornou-se um animal reconhecível, com parentes próximos no bloco soviético da Europa Oriental, parentes mais problemáticos na China e na Coreia do Norte e admiradores no Terceiro Mundo.

Então, em um dos "acidentes" imprevistos mais espetaculares da história moderna, foi o "socialismo" soviético que entrou em colapso, dando lugar ao que os russos chamaram de "capitalismo selvagem" da década de 1990. Uma série de quinze novos Estados, inclusive a Federação Russa, surgiram piscando para a luz da liberdade — todos, inclusive os russos, reclamando em voz alta que nos velhos tempos da União Soviética eles haviam sido vítimas de exploração. *O que foi o socialismo e o que vem a seguir?* era o título apropriado do comentário da antropóloga americana Katherine Verdery sobre o momento pós-soviético que apontava para o fato de que, no antigo bloco soviético, não havia sido apenas o futuro que de repente se tornara incognoscível, mas também o passado. "O que vem a seguir?" é uma pergunta que nenhum historiador prudente tenta responder. Quanto a "O que foi o socialismo?", isso pode ser abordado por filósofos políticos com referência a textos canônicos, mas tomarei um rumo diferente: o do antropólogo histórico. O que quer que o socialismo possa significar *na teoria*, algo que na década de 1980 ganhou o nome desajeitado de "socialismo realmente existente" emergiu *na prática* na União Soviética. Esta é a sua história, do nascimento à morte.

I.
A constituição da União

A Revolução Russa pretendia desencadear a revolução em toda a Europa. Mas esse plano não funcionou, e o que restou foi um Estado revolucionário na Rússia — a República Socialista Federativa Soviética da Rússia (RSFSR), cuja capital era Moscou. Mas também houve levantes com diferentes resultados em regiões não russas do Império Russo. As províncias do Báltico escolheram a independência; as províncias polonesas optaram por entrar num Estado polonês recém-criado. Mas, ao final da guerra civil desencadeada pela Revolução de Outubro, outras regiões haviam estabelecido suas próprias repúblicas soviéticas, muitas vezes com uma pequena ajuda do Exército Vermelho do novo Estado revolucionário.

Em dezembro de 1922, as repúblicas soviéticas ucranianas e bielorrussas e a Federação Transcaucasiana uniram-se à república soviética russa numa União das Repúblicas Socialistas Soviéticas. Sua capital era Moscou (a antiga capital imperial, Petrogrado, teria que se acostumar a ser a segunda cidade). Seu emblema era a foice e o martelo, com o lema (escrito em russo, ucraniano, bielorrusso, georgiano, armênio e azeri): "Proletários do mundo, uni-vos!".

A Constituição da nova União deu às repúblicas o direito de secessão, embora por quase setenta anos nenhuma tenha invocado esse direito. Nas décadas de 1920 e 1930, outras cinco repúblicas da Ásia Central (Uzbequistão, Turcomenistão, Tadjiquistão, Cazaquistão e Quirguistão) foram separadas da RSFSR, e a Federação Transcaucasiana se dividiu em suas três partes constituintes: Geórgia, Armênia e Azerbaijão. Em 1939, os três Estados bálticos (Letônia, Lituânia e Estônia) e a Moldávia foram incorporados à União Soviética como resultado de cláusulas secretas do pacto nazi-soviético de 1939, elevando o número total de repúblicas na União para quinze.

A União Soviética era claramente um Estado sucessor da Rússia imperial, embora com um território ligeiramente menor. Se isso significava que também era um império — com os russos governando um punhado de colônias internas na forma de repúblicas nacionais — era uma questão em debate. As potências ocidentais, hostis ao regime bolchevique e esperando sua queda, o viam como um império, e ainda por cima ilegítimo. Os bolcheviques, no entanto, tinham uma maneira completamente diferente de ver sua União. Muitos dos líderes do partido não eram russos, mas pertenciam a alguma das minorias oprimidas do antigo Império Russo, como letões, poloneses, georgianos, armênios e judeus. Eles eram inimigos jurados do imperialismo russo que haviam crescido ressentidos da crescente discriminação contra os não russos nos últimos anos do Império. Eles consideravam que seu papel dentro e fora da União Soviética era o de libertar os antigos súditos coloniais, particularmente na Ásia (inclusive os territórios da Ásia Central conquistados pelo Império Russo no século XIX). De acordo com o mantra da década de 1920, o "chauvinismo russo" era o "maior perigo", ou seja, de todos os nacionalismos na União Soviética, o pernicioso era o russo.

Os bolcheviques eram internacionalistas marxistas dedicados para quem o nacionalismo era uma falsa consciência. Não obstante, reconheciam seu apelo popular e sua tendência a se multiplicar em resposta às tentativas de erradicá-lo. Os bolcheviques não cometeriam esse erro: sua estratégia era *encorajar* os nacionalismos não russos, não só através do uso administrativo da língua nativa e da promoção das culturas nacionais, mas também por meio da criação de administrações territoriais separadas, a começar no nível de república (por exemplo, a Ucrânia) e indo direto ao nível de aldeia soviética (havia uma série de judeus, bielorrussos, russos, letões, gregos e outros "distritos autônomos" dentro da república ucraniana). Um dos paradoxos do domínio soviético foi que suas estruturas administrativas não só protegeram as identidades nacionais, como também ajudaram a criá-las.

O problema do atraso

Os bolcheviques eram totalmente modernizadores e racionalizadores: a modernização na forma de desenvolvimento industrial liderado pelo Estado era seu programa central e uma grande parte do que entendiam por socialismo. Eles consideravam o atraso da Rússia em relação ao Ocidente um enorme desafio a ser superado, mas, em sua análise, a Rússia também tinha seu próprio "Oriente" interno — a Ásia Central — para modernizar e civilizar por meio do investimento de capital em infraestrutura e indústria, bem como escolas de alfabetização e programas de ação afirmativa. Para a União como um todo, a modernização e o abandono da tradição ocupavam um lugar de destaque na agenda de curto e de longo prazo. O calendário juliano da Rússia imperial, treze dias atrás do calendário gregoriano usado no Ocidente, foi uma das primeiras vítimas (o que significa que depois que o calendário mudou em 1918, a "Revolução de Outubro" passou a ser comemorada em 7 de novembro). Mudanças na ortografia antiga, emancipação das mulheres de uma série de grilhões legais, legalização do aborto, divórcio sem culpa, separação entre o Estado e a Igreja ortodoxa (vista como um repositório particularmente flagrante de superstição) e abolição de patrimônios sociais foram todas mudanças introduzidas poucos meses após a tomada do poder pelos bolcheviques.

Quão atrasada era a Rússia antes da revolução? "Atraso" é um conceito escorregadio que sempre implica uma comparação com algo admirado como mais avançado; no caso da Rússia, a comparação era com a Europa Ocidental. Tirar a Rússia do atraso e levá-la para o Ocidente havia sido o mantra de Pedro, o Grande, dois séculos antes, e estavam entre suas estratégias construir a nova capital, São Petersburgo, o mais próximo possível da Europa, e raspar à força a barba dos boiardos. A Rússia havia se saído bem o suficiente sob os sucessores de Pedro — notadamente Catarina, a Grande, correspondente dos filósofos iluministas Diderot e Voltaire — para ser reconhecida como uma potência da Europa no início do século XIX, reputação solidificada pela derrota dos exércitos de Napoleão nas estepes russas. Seus territórios aumentaram no decorrer do século XIX, à medida que ela se expandia ao sul para o Cáucaso e invadia a leste pequenos estados soberanos da Ásia Central governados por cãs. Mas foi somente no início da década de 1860 que os camponeses foram emancipados da servidão, como parte das grandes reformas de Alexandre II. O país também chegou tarde à Revolução Industrial: a decolagem das indústrias russas ocorreu na década de 1890, meio século depois da Grã-Bretanha, e dependia fortemente do patrocínio estatal (como o Japão no mesmo período) e do investimento estrangeiro.

Na época do primeiro censo moderno da Rússia, em 1897, a população do Império era de 126 milhões, dos quais 92 milhões viviam na Rússia europeia (inclusive onde hoje é a Ucrânia e a parte oriental da Polônia). O restante se dividia entre as províncias polonesas do Império e o Cáucaso, ambos com cerca de 9 milhões, seguidos pela Sibéria e Ásia Central. Enquanto a população urbana da Rússia europeia havia triplicado

A praça Vermelha de Moscou, por volta de 1900. Observe-se que o nome é anterior aos comunistas ("vermelha" conotava bonita). A catedral de São Basílio está à esq.; o Kremlin, à dir.

A praça Lubianka de Moscou, por volta de 1900.
Foi rebatizada de praça Dzerjínski em 1926.

entre 1863 e 1914, o grau de urbanização e industrialização declinava acentuadamente à medida que se afastava da fronteira ocidental, sendo as províncias polonesas, de longe, a região mais desenvolvida do Império. Na Sibéria, 92% da população era rural. Menos de um terço da população do Império na faixa etária de dez a 59 anos era alfabetizada, mas isso mascarava disparidades substanciais entre homens e mulheres, habitantes urbanos e rurais, jovens e idosos. Entre as pessoas na faixa dos vinte anos, 45% dos homens eram alfabetizados, contra apenas 12% das mulheres; para pessoas na casa dos cinquenta, a taxa de alfabetização masculina era de 26% e a feminina, de apenas 1%.

Além das cidades altamente desenvolvidas de Varsóvia e Riga (que seriam perdidas para a União Soviética depois da revolução), a União tinha uma indústria de mineração e metalúrgica em rápido crescimento na região de Donbass, onde hoje é a Ucrânia, em sua maioria de propriedade estrangeira, com uma força de trabalho recrutada em grande parte de aldeias russas. São Petersburgo, Moscou, Kiev, Kharkov e a cidade portuária de Odessa, no mar Negro, também estavam se industrializando, enquanto Baku (no Azerbaijão, junto ao mar Cáspio) se tornava um importante centro petrolífero.

Para fins administrativos e censitários, a população ainda estava dividida em estamentos sociais (*soslóviia*) — nobreza, clero e pessoas da cidade, e camponeses, cada grupo com seus próprios direitos e deveres para com o tsar — embora tais estamentos tivessem desaparecido havia muito tempo na Europa Ocidental e fossem considerados um anacronismo embaraçoso pela intelligentsia russa de orientação ocidental. O campesinato, com 77%, era de longe o maior estamento; os habitantes urbanos e outros estamentos urbanos representavam apenas 11%. A intelligentsia, ou classe culta, era uma anomalia moderna não acomodada pela estrutura estamental.

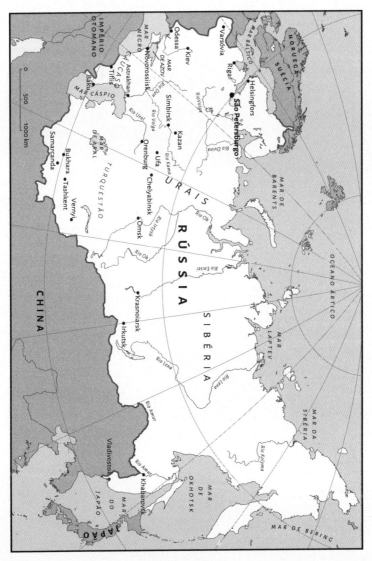

Rússia imperial.

Embora a Rússia fosse um império multinacional, o conceito de nacionalidade era moderno demais para o regime tsarista, e o censo de 1897 reuniu informações apenas sobre confissão religiosa e língua nativa. O "russo" era a língua declarada por dois terços da população do Império, mas isso incluía o que hoje chamaríamos de falantes de ucraniano e bielorrusso: somente 44% foram registrados como "grandes russos". Quanto à religião, cerca de 70% eram ortodoxos russos (inclusive uns 2 milhões de velhos crentes que se separaram da Igreja no século XVII), 11% muçulmanos, 9% católicos romanos e 4% judeus.

Na Europa Ocidental, em particular na Grã-Bretanha, a Rússia tornou-se sinônimo de autocracia não esclarecida, processo auxiliado pela propaganda enérgica de revolucionários russos exilados que se beneficiavam das generosas políticas de asilo britânicas. A prática tsarista de exilar dissidentes na Sibéria era conhecida e criticada em todo o mundo "civilizado", assim como o gulag seria durante a Guerra Fria. Apesar de seu tamanho e status de grande potência, a precariedade do poder tsarista ficou evidente quando, em 1905, após uma derrota humilhante numa guerra contra o Japão, ele mal sobreviveu a uma revolução que cobriu a amplitude de seu território e levou mais de um ano para ser debelada. A revolução de 1905 ofereceu aos radicais russos uma lenda heroica e uma instituição revolucionária gerada espontaneamente, o soviete (literalmente, "conselho") eleito pelo povo, que combinava os poderes Executivo e Legislativo. Liev Trótski, um marxista da facção menchevique, alcançou fama instantânea como líder carismático do Soviete de Petersburgo, mas o líder bolchevique Vladímir Lênin, que, como Trótski, estava retornando da emigração, chegou atrasado para a revolução em 1905 e desempenhou apenas um papel discreto.

Aspirantes a revolucionários

Se alguém quisesse fazer uma revolução na Rússia, olhar para o campesinato oprimido em busca de apoio poderia parecer o caminho óbvio. Com efeito, esse foi o raciocínio da primeira geração de revolucionários, os assim chamados *naródniks* (populistas), que dominaram a cena radical nas décadas de 1860 e 1870. Conscientes da longa tradição de revoltas camponesas na Rússia, eles viam o campesinato com potencial para derrubar os tsares, bem como uma fonte imaculada de sabedoria moral. Mas os camponeses davam pouca atenção aos emissários populistas, pois os percebiam como membros de uma elite urbana com a qual nada tinham em comum. Foi a decepção por essa rejeição que abriu caminho para a ascensão do marxismo no movimento revolucionário na década de 1880. Discípulos dos pensadores socialistas alemães Karl Marx e Friedrich Engels, os marxistas russos ofereceram uma "previsão científica" da inexorável "necessidade" da revolução, já que o capitalismo estava historicamente predestinado a dar lugar ao socialismo. O proletariado industrial, gerado pelos próprios processos do capitalismo, era o agente revolucionário escolhido pela história, fazendo com que o campesinato se tornasse (pelo menos teoricamente) irrelevante. O compromisso com a revolução, antes justificado por motivos morais, foi reconfigurado como algo mais próximo de uma escolha racional, enraizada na compreensão da necessidade histórica (*Gesetzmässigkeit* em alemão e *zakonomiérnost'* em russo — mas conceito estranho ao mundo anglófono). Eram águas filosóficas profundas, compreendidas de fato por poucos escolhidos, mas todos os marxistas russos, e mais tarde soviéticos, sabiam o que *zakonomiérno* significava: era quando as coisas aconteciam conforme, em princípio, deveriam ser (diferentes de "acidentais" e "espontâneas", como muitas vezes eram na prática).

Os revolucionários marxistas russos identificavam-se com a classe trabalhadora industrial, mas, em sua maioria, eram filhos da nobreza ou da intelligentsia. Como em outros países em desenvolvimento no final do século XIX e durante o XX, o ensino superior na Rússia significava ocidentalização, que muitas vezes trazia a radicalização como subproduto; a primeira característica (ocidentalização) implicava a alienação da população local, a segunda (radicalização), um sentido de missão para liderá-la. Russos instruídos com ideias radicais se apropriaram em larga medida do termo "intelligentsia", excluindo desdenhosamente pessoas com o mesmo tipo de educação que passavam a trabalhar para o Estado. (O fato de as grandes reformas de Alexandre II terem sido cuidadosamente redigidas por um grupo de "burocratas esclarecidos" que trabalhavam nos bastidores não afetava esse julgamento: o que eram meras reformas quando se precisava de uma revolução completa e um renascimento espiritual?) Era função autonomeada da intelligentsia criticar o governo (*qualquer* governo, como ficou claro após o colapso do tsarismo) e agir como a consciência da sociedade; e isso, é claro, a colocava em constante conflito com as autoridades imperiais, notadamente a Okhrana (polícia secreta). Para a maioria, a política radical não era um trabalho diário. Mas uma minoria tornou-se revolucionária profissional em tempo integral, muitas vezes durante seus dias de estudante, o que logo levou a detenções, penas de prisão, exílio dentro da Rússia, fuga do exílio (o que não era tão difícil) e, se os fundos da família permitissem, emigração. Todas as facções revolucionárias, independentemente de declararem que sua base social era camponesa ou operária, eram lideradas por intelectuais revolucionários, a maioria dos quais havia passado longos anos de emigrante na Europa.

Vladímir Lênin, nascido Vladímir Uliánov em 1870 na cidade de Simbirsk no Volga (que foi rebatizada de Uliánovsk, em

1924, após sua morte, e, surpreendentemente, ainda conserva esse nome), era estudante de direito em Kazan quando se radicalizou, em parte pela execução de seu irmão mais velho por envolvimento numa conspiração contra o imperador. Os Uliánov eram de classe média profissional em nossos termos (o pai era um inspetor escolar que ascendeu o suficiente para se tornar nobre não hereditário) e, principalmente, eram russos em termos de etnia, embora houvesse um pouco de alemão e judeu na mistura. A adesão de Lênin à revolução o levou para a Liga Marxista de Luta pela Emancipação da Classe Trabalhadora, em São Petersburgo, o que lhe rendeu a punição usual de exílio administrativo dentro da Rússia, seguido de exílio voluntário fora dela, sustentado financeiramente pela mãe. Ele se juntou ao grupo heterogêneo de russos e outros revolucionários do Leste Europeu que se reuniam em Londres, Paris, Genebra, Zurique

Vladímir está sentado na frente (à dir.) neste retrato de estúdio de 1879 da família Uliánov; seu irmão mais velho Aleksandr (que seria executado como terrorista, aos 21 anos) está em pé (à esq.).

e Berlim — um mundo cheio de pensões decadentes, discussões apaixonadas com outros revolucionários, espiões da polícia, informantes, solidão e longas horas gastas em bibliotecas.

Dentro de seu grupo revolucionário marxista, russos étnicos como Lênin e sua esposa, Nadiéjda Krúpskaia, eram menos numerosos do que judeus, poloneses, letões e outros membros de minorias nacionais do Império Russo, os quais, a partir do fim do século XIX, foram cada vez mais perseguidos por autoridades imperiais russas e submetidos a políticas de russificação. Lênin destacava-se nos círculos revolucionários por sua intransigência e pela necessidade de dominar sua própria pequena facção, que ficou conhecida como bolcheviques após uma divisão no movimento social-democrata arquitetada por ele em 1903. O termo "bolchevique" derivava da palavra russa para "maioria", enquanto seus oponentes foram rotulados de "mencheviques", a "minoria" — um truque de prestidigitador de Lênin, pois, na verdade, os mencheviques é que eram a maioria.

Os marxistas russos tinham um problema básico: de acordo com a compreensão marxista das leis da história, "sua" revolução — à qual eles dedicavam a vida — não era a próxima na agenda histórica, mas a seguinte. Isso porque a Rússia só estava no início da fase capitalista, com uma burguesia muito fraca ou passiva para ter realizado a revolução liberal burguesa contra a autocracia que era historicamente atrasada. Em consequência, ao contrário da Grã-Bretanha e da Alemanha, ela ainda não estava "madura" para a revolução socialista proletária. Os mencheviques, com exceção de alguns dissidentes como Trótski, levavam a sério esse argumento de imaturidade (provavelmente sua principal diferença doutrinária com Lênin); os bolcheviques, na prática, não. Mas seria errado aceitar pelo valor nominal as alegações dos mencheviques de que os bolcheviques eram consequentemente maus marxistas. Como suas ações no poder demonstrariam mais tarde, uma compreensão marxista da guerra de classes e da necessidade histórica estava profundamente enraizada nos líderes do partido, e, além disso, havia maneiras marxistas de justificar a legitimidade da revolução proletária na Rússia (a teoria de que o elo mais fraco da cadeia imperialista seria o primeiro a se romper, por exemplo). A verdade é que qualquer revolucionário que se prezasse encontraria uma maneira de contornar a proibição teórica da revolução.

Outro problema para os revolucionários marxistas era a fraqueza comparativa do proletariado russo. É verdade que os operários estavam muito concentrados em grandes empresas (uma vantagem revolucionária), mas seu número ainda era embaraçosamente pequeno: pouco mais de 3 milhões em 1914, de uma população total já superior a 125 milhões em 1897. Essa fraqueza foi parcialmente compensada pelo conceito de partido revolucionário de Lênin, que consistia em revolucionários em tempo integral e atuava como a "vanguarda" do proletariado. Era tarefa da vanguarda abrir os olhos dos trabalhadores para sua missão revolucionária histórica, e esses trabalhadores — agora rotulados de "conscientes" — atuariam, por sua vez, como uma vanguarda para as massas não esclarecidas, mas muitas vezes rebeldes. De acordo com observações da polícia russa em 1901, os bolcheviques estavam tendo algum sucesso com esse projeto: a polícia notou que no meio da classe trabalhadora "o jovem russo descontraído foi transformado num tipo especial de 'inteligente' semialfabetizado, que se sente obrigado a desprezar a família e a religião, a desrespeitar a lei e a negar e zombar da autoridade constituída", e tais pessoas adquiriam autoridade sobre a "massa inerte de trabalhadores".

Lênin foi o mais intransigente revolucionário da emigração marxista russa, bem como o mais autoritário — intolerante aos desafios dentro de sua facção e insistente na importância da organização e liderança profissional no movimento revolucionário, em oposição à espontaneidade popular. Mas ele não era um personagem unidimensional. Casado com Krúpskaia, que era professora e teórica educacional por vocação, compartilhava, pelo menos até certo ponto, a convicção dela de que o esclarecimento do povo era o propósito firme da revolução, o que fazia da provisão de escolas, aulas de alfabetização e bibliotecas para as massas uma tarefa revolucionária fundamental. Na verdade, Lênin, ao contrário de Krúpskaia, era um político natural com um forte senso de missão, para quem a disputa entre facções e a luta pelo poder eram a essência da vida. Foi principalmente durante períodos de calmaria política que ele teve tempo para se preocupar com o esclarecimento popular.

Primeira Guerra Mundial e revolução

Em janeiro de 1917, no exílio em Zurique, Lênin lamentou que não esperava ver a Revolução Russa em vida. Era um julgamento razoável que acabou por se revelar errado. Os anos de guerra não foram uma fonte de muito prazer para ele ou para o movimento socialista internacional como um todo. A esperança era que, se a guerra explodisse entre os concorrentes imperialistas, os trabalhadores se recusariam a apoiar o governo e a atirar contra seus companheiros proletários. O que aconteceu foi o contrário: de repente, trabalhadores e muitos intelectuais socialistas tornaram-se patriotas, alinharam-se com seus governos e foram arrebatados pelo intenso entusiasmo nacionalista que marcou os estágios iniciais da guerra. Mas Lênin continuou a sustentar que se tratava de uma guerra imperialista na qual os trabalhadores não tinham interesse; além disso, argumentava que, para a causa revolucionária russa, o melhor resultado seria a derrota da Rússia. Não era uma opinião popular entre seus colegas emigrados, e o Partido Bolchevique se fragmentou ainda mais.

O despreparo militar da Rússia logo se tornou evidente — o Exército Imperial nem tinha rifles suficientes para sua convocação inicial — e, em 1915, com os alemães transferindo forças para a frente oriental, as tropas inimigas já haviam tomado grande parte das províncias ocidentais do Império. As derrotas, ocupações e evacuações chocaram o público inicialmente patriota. No fim da guerra, 2,5 milhões de prisioneiros de guerra russos estavam nas mãos dos alemães, e havia quase 2 milhões de baixas militares, sem contar o grande número de feridos e inválidos, bem como um número apenas ligeiramente menor de baixas civis. Até fevereiro de 1917, o Exército recrutara um total de mais de 15 milhões de homens, principalmente camponeses, deixando as mulheres para cultivar os campos por conta própria. Diante da ameaça alemã às províncias ocidentais do Império, o Exército russo deportou talvez até 1 milhão de judeus para o interior do país (a Zona de Assentamento na qual a maioria dos judeus era obrigada a viver ficava perto da fronteira oeste), bem como 250 mil russo-alemães; além disso, 6 milhões de refugiados foram para o interior da Rússia a fim de evitar os combates.

O descontentamento crescia entre as elites políticas e militares, bem como entre a população civil, fortemente pressionada, e as fileiras maltratadas do exército de conscritos. Havia rumores de que o imperador Nicolau II, uma figura inepta e indecisa, estava sob o domínio da esposa, a imperatriz Alexandra, e do obscuro protegido Grigóri Raspútin, que alegava ter poderes de cura sobre o filho hemofílico do casal, Aleksei, herdeiro do trono. Raspútin foi assassinado em dezembro de 1916 pelo jovem e dissoluto príncipe Félix Iussúpov, que se via como defensor da autocracia. Os oficiais superiores do Exército ficaram suficientemente alarmados com a situação e começaram a conversar com líderes da recém-criada Duma (um parlamento criado após a revolução de 1905). Eles decidiram que Nicolau, que claramente não gostava do papel de governante, deveria ser convidado a abdicar em seu próprio nome e em nome de Aleksei em favor de um irmão que, esperava-se, proporcionaria uma liderança mais forte. Nicolau concordou e abdicou, mas o irmão rejeitou a proposta dos conspiradores, deixando-os confusos e sem plano B. Essa foi a Revolução de Fevereiro, que ocorreu no início de março de acordo com nosso calendário, a qual os marxistas rotularam de "liberal burguesa" (apesar do fato de que os conspiradores pertenciam principalmente à nobreza e poucos eram liberais). A Revolução de Fevereiro produziu uma instituição improvisada, com o pouco promissor nome de Governo Provisório, que se comprometeu a convocar uma Assembleia Constituinte em algum momento futuro para decidir como a Rússia deveria ser governada. Os Aliados, desesperados para manter a Rússia lutando na guerra, reconheceram imediatamente o novo governo. Foi uma das poucas coisas que deram certo para ele.

O clima dos recrutas de base no Exército era lúgubre, em grande parte causado por baixas, derrotas e o inesperadamente longo tempo longe de casa, mas o ressentimento com a suspensão feita pelo tsar, em 1914, do subsídio da tradicional vodca para os soldados, sem dúvida, contribuiu para isso. A proibição, aplicada também à população civil, retirou uma importante fonte de receita do Estado e causou um desvio de grãos para a fabricação ilegal de bebida caseira, que, por sua vez, produziu escassez de pão. Uma onda de descontentamento popular no inverno de 1916-7 começou com mulheres trabalhadoras fazendo fila para comprar pão em Petrogrado (a capital havia sido rebatizada no início da guerra porque "São Petersburgo" soava alemão demais) e se espalhou para as Forças Armadas, das quais homens cansados de ser bucha de canhão começaram a desertar. À medida que a semeadura agrícola da primavera se aproximava, mais e mais soldados

Manifestação revolucionária em Petrogrado, fevereiro de 1917.
A faixa diz: "Liberdade, igualdade, fraternidade".

camponeses partiam para suas aldeias e seus oficiais se mostravam impotentes para detê-los. Nas grandes cidades, a polícia começou a se dispersar diante das crescentes multidões que comemoravam a abdicação do tsar. Era uma situação revolucionária clássica — não porque as forças da revolução fossem irresistíveis, mesmo nas grandes cidades, onde o protesto era mais forte, mas porque o antigo regime havia perdido aquela coisa misteriosa chamada legitimidade, tanto junto à população quanto junto à elite, e seu Exército e sua polícia deixaram de ser protetores confiáveis.

O momento inebriante de libertação associado às jornadas de fevereiro permaneceu por muito tempo na memória popular. Agora havia revolução nas ruas, ou pelo menos manifestantes aplaudindo, e mirabile dictu para os marxistas, muitos deles eram trabalhadores. Um órgão popular improvisado, inspirado no Soviete de Petersburgo de 1905 e composto por representantes eleitos diretamente nas fábricas e unidades do Exército, surgiu mais ou menos ao mesmo tempo que o Governo Provisório. Quando o Soviete de Petrogrado se declarou o representante da revolução popular, exigindo o direito de também assinar quaisquer instruções ao Exército, este não viu outra escolha senão concordar. Assim surgiu o "duplo poder" — em essência, um acordo de compartilhamento de poder entre o Governo Provisório e o Soviete de Petrogrado. Tratava-se de uma notável expressão institucional da crença dos líderes socialistas do Soviete (no início, principalmente mencheviques) de que, como a Rússia ainda não estava madura para a revolução proletária, os liberais burgueses deveriam ter seu mandato historicamente determinado — sob o olhar atento do proletariado.

Dentro do movimento revolucionário, o clima geral era exaltado, autocongratulatório e de apoio à unidade socialista. Mas havia um único dissidente: Lênin. Ele demorou um mês ou mais para voltar de Zurique pelo front (a guerra obviamente ainda estava em andamento), mas ele e vários outros revolucionários finalmente conseguiram que os alemães permitissem ao famoso "trem selado" atravessar o território alemão para a Suécia e, dali, via Finlândia, para a Rússia. Ele chegou à Estação Finlândia de Petrogrado em abril e foi saudado por uma multidão entusiástica, inclusive por socialistas do Soviete a favor da reconciliação. Lênin logo pôs fim ao clima feliz de unidade. Não deveria haver mais compartilhamento do poder com o Governo Provisório, anunciou. Seu novo slogan — "Todo poder aos sovietes!" — significava esquecer a revolução liberal burguesa que os outros marxistas achavam que a Rússia precisava ter e ir direto para a revolução proletária. Não foram apenas os mencheviques que ficaram chocados, mas também membros da própria facção bolchevique de Lênin, que haviam chegado à capital mais cedo e se alinhado com a frente única socialista. Até a esposa de Lênin ficou perplexa: "Ilítch enlouqueceu", ela teria murmurado, sotto voce, para um velho camarada que estava por perto.

Nos meses seguintes, a situação econômica piorou, as deserções do Exército aumentaram, e grandes manifestações de trabalhadores, soldados e marinheiros das guarnições próximas às capitais encheram as ruas de Petrogrado e Moscou; o Governo Provisório e o alto-comando do Exército fizeram uma tentativa desesperada de pôr o Exército em forma para os combates de verão. Em Petrogrado, onde estava a ação política, a postura intransigente dos bolcheviques atraiu os manifestantes, a adesão a eles e sua influência dispararam, e alguns mencheviques voltados para a ação, como Trótski, romperam as fileiras para se juntar aos bolcheviques. Mas no início de julho, na repressão que ocorreu após a maior manifestação, Lênin se sentiu obrigado a fugir para a Finlândia a fim de evitar a prisão. Aleksandr Kiérenski, advogado de um partido socialista menor, assumiu a liderança do Governo Provisório no lugar do príncipe Lvov, porém a situação no Exército e na capital não melhorou, e os alemães continuaram a avançar, tomando Riga (capital da Letônia, ainda parte do Império Russo) em agosto. Isso trouxe as forças alemãs para perto de Petrogrado.

Em setembro aconteceu o grande drama: uma tentativa de golpe militar liderada pelo general Lavr Kornílov, recentemente nomeado comandante em chefe por Kiérenski e encarregado da tarefa de restaurar a disciplina nas Forças Armadas. A relação entre Kornílov e Kiérenski era nebulosa, como seria 73 anos depois a de Mikhail Gorbatchóv com os golpistas de agosto de 1990: é possível que Kornílov se visse agindo a favor de Kiérenski, e não contra ele. De qualquer forma, o golpe fracassou devido à pronta ação dos ferroviários que impediram seus escalões de chegar à capital, e a posição de Kiérenski foi fatalmente prejudicada.

Lênin, apoiado por Trótski, decidiu que havia chegado a hora de dar um lance pelo poder que os manifestantes nas ruas reivindicavam desde julho. A Revolução de Outubro fez-se quase tão calmamente em Petrogrado quanto a Revolução de Fevereiro, embora lendas posteriores tenham feito dela um caso muito mais ousado e sangrento. Com um Congresso Nacional de Sovietes reunido numa escola para meninas em Petrogrado, e Trótski tendo feito o trabalho preparatório necessário dentro do Soviete de Petrogrado, Lênin voltou de seu esconderijo finlandês e anunciou que os bolcheviques estavam liderando uma tomada soviética do poder e abolindo o Governo Provisório. Os mencheviques abandonaram o Congresso, mas foi um gesto que prejudicou somente a eles mesmos. Kiérenski, disfarçado com roupas femininas, já estava em fuga.

Uma surpresa aguardava aqueles que pensavam que "todo o poder aos sovietes" significava que alguma entidade soviética — o Soviete de Petrogrado, talvez, ou algum órgão executivo eleito pelo Congresso dos Sovietes — assumiria a liderança do país. Descobriu-se — e muitos bolcheviques estavam entre os surpresos — que o novo governo seria um Conselho de Comissários do Povo (na verdade, um gabinete de Estado) cujos membros recém-nomeados foram anunciados ao Congresso pelo porta-voz de Lênin: todos eram bolcheviques, com Lênin na presidência. Os bolcheviques haviam tomado o poder.

Estabelecimento do governo bolchevique e da guerra civil

Embora os bolcheviques viessem a rejeitar apaixonadamente essa visão, outubro foi uma vitória fácil. O fracasso na guerra desacreditara o antigo regime, e o fracasso em sair da guerra fez o mesmo com o Governo Provisório. As exigências do tempo de conflito concentraram milhões de homens descontentes (com armas) em cidades e guarnições, dando aos revolucionários um grande corpo de apoiadores. A classe trabalhadora industrial também estava muito concentrada num número relativamente pequeno de grandes cidades, tornando mais fácil a tarefa de organização revolucionária. Além disso, muitas das maiores empresas capitalistas da Rússia eram de propriedade estrangeira, o que significava que alguns de seus proprietários e gerentes já haviam saído com a eclosão da guerra e o restante era muito mais fácil de desalojar do que se fossem russos. Mas é claro que a tomada do poder em Petrogrado em outubro foi apenas o começo. Restava ver se os bolcheviques poderiam manter esse poder, estendê-lo ao resto da Rússia e aprender a governar.

Com meticulosidade marxista, os bolcheviques descreveram seu governo recém-estabelecido como uma "ditadura do proletariado" cuja tarefa, tendo o partido de "vanguarda" como seu instrumento, era levar o país adiante através do período de transição até que estivesse pronto para o socialismo. Os críticos socialistas podem questionar se era realmente o proletariado que estava agora no poder, mas nas circunstâncias da guerra civil (que eclodiu em meados de 1918 e continuou por mais de dois anos), a questão das credenciais proletárias do partido era secundária. Ditadura era o conceito mais saliente e, com efeito — apesar de alguns enfeites quase parlamentares —, tratava-se de uma ditadura do Partido Bolchevique. Os bolcheviques esperavam a oposição das velhas classes governantes e proprietárias de terras e da burguesia urbana, e não escondiam o fato de que usariam o terror contra esses "inimigos de classe"; a Tcheka — sigla em russo da Comissão Extraordinária de toda a Rússia para o Combate à Contrarrevolução, à Sabotagem e à Especulação — foi criada em dezembro de 1917 para lidar com eles.

Em nome da justiça social, a Tcheka pôs em prática a "expropriação" forçada das propriedades da burguesia e da nobreza, inclusive suas casas e apartamentos. Não faltavam voluntários de classe baixa para as brigadas de expropriação; com efeito, um dos problemas menores dos bolcheviques em 1917-8 foi que criminosos comuns entravam em ação e apareciam na porta dos apartamentos burgueses como expropriadores em seu próprio nome, e não em nome do Estado, e transformavam o confisco numa iniciativa privada. Quando isso chamou a atenção dos bolcheviques, eles denunciaram os infratores como "lumpemproletários" em vez de membros verdadeiros da classe trabalhadora. Mas como "lúmpen" era simplesmente um pejorativo marxista para os proletários que não tinham a consciência socialista adequada, era difícil para um estranho distinguir os lúmpens dos verdadeiros proletários.

Boa parte dessa ação revolucionária ocorreu nas grandes cidades, onde o controle bolchevique era mais firme. No campo, longe de qualquer controle efetivo do Estado, os camponeses acertavam contas à sua maneira, expulsando os latifundiários e queimando suas casas senhoriais. Depois de terem feito isso em ampla medida, eles muitas vezes se voltaram contra os membros mais prósperos de suas próprias comunidades, os chamados cúlaques,* e, na terminologia da moda, os "expropriaram".

A guerra civil foi sangrenta e brutal de ambos os lados, deixando legados complexos de amargura e ressentimento. Os judeus nas regiões ocidentais do país foram submetidos a pogroms cuja selvageria excedeu a do final do período tsarista. A anarquia e a confusão reinavam nas províncias. Exércitos "brancos" (antibolcheviques), liderados por oficiais do antigo Exército Imperial e apoiados mais ou menos ativamente pelos ex-aliados de guerra da Rússia (Grã-Bretanha, França e Estados

---

* Do russo *kúlak*, "punho fechado", termo pejorativo para se referir a camponeses relativamente mais ricos que empregavam mão de obra assalariada. [N.T.]

Unidos) e pelo Japão, formaram-se nas periferias, na esperança de derrubar os bolcheviques e restaurar o antigo regime. Nas províncias da Ucrânia, nacionalistas ucranianos, bolcheviques, anarquistas e brancos estabeleceram regimes precários (a capital, Kiev, mudou de mãos cinco vezes em um ano) no contexto das incursões militares alemãs e depois polonesas. Os mencheviques tomaram o poder na Geórgia em meados de 1918, lutando contra turcos otomanos e armênios; os bolcheviques estabeleceram uma comuna em Baku cujos líderes foram executados pelos britânicos. Uma breve república do Volga surgiu em Samara, cortesia de trens carregados de prisioneiros de guerra tchecos armados (socialistas, mas antibolcheviques), que estavam a caminho de Vladivostok, no Pacífico, com a intenção de navegar ao redor do mundo para se juntar ao esforço militar aliado na frente ocidental. Os japoneses enviaram dezenas de milhares de soldados às províncias marítimas russas e à Sibéria.

Os bolcheviques haviam conseguido a muito custo tirar a Rússia da guerra europeia na primavera de 1918, e o tratado punitivo que assinaram com os alemães em Brest-Litovsk os teria privado de territórios muito valiosos na Ucrânia, se não tivesse se tornado nulo e sem efeito graças à derrota dos alemães para os aliados restantes, oito meses depois. Mas os bolcheviques ainda não haviam escapado das malhas da guerra, uma vez que a guerra civil eclodiu meio ano após a tomada do poder. Pode-se dizer que eles tampouco desejavam escapar totalmente. Até então, a bravura militar não fazia parte do panteão bolchevique de virtudes; não havia sequer uma tradição paramilitar. Contudo, um entusiasmo por lutar contra o inimigo "branco" rapidamente emergiu no partido e entre seus apoiadores, e o próprio Lênin, embora nunca tenha adquirido a pátina militar adotada por muitos de seus colegas, provavelmente pensou que a vitória na guerra civil era uma boa oportunidade para legitimar o domínio bolchevique. De qualquer modo, não haveria como evitar a guerra civil, mesmo sem a provocação que foi a execução do tsar e sua família em Iekaterinburg, capital dos Urais, em meados de 1918 (por bolcheviques locais, mas com pelo menos a aprovação tácita do centro). Oficiais do Exército Imperial disperso, agora desempregados, queriam lutar, e os Aliados, liberados desde novembro de 1918 das exigências da guerra europeia, ficaram felizes em fornecer apoio.

De sua parte, os bolcheviques conseguiram a façanha significativa, sob a liderança de Trótski, de criar um novo "Exército Vermelho" que, ao final da guerra civil, tinha 5 milhões de soldados, era o principal empregador do país e, em muitas partes, o poder administrativo efetivo, em vez das instituições civis nominais. Isso foi possível graças ao fato de que, dada a forma como a guerra civil foi travada, com pequenos confrontos episódicos — e não confrontos sangrentos em larga escala nas trincheiras —, as chances de morrer eram muito menores do que para os recrutas nas antigas forças imperiais e os bolcheviques eram relativamente tolerantes com os desertores (que muitas vezes reapareciam após a semeadura ou a colheita). De qualquer forma, apenas uma minoria dos que recebiam rações do exército eram realmente tropas de combate. Os brancos, com muitos oficiais, tiveram mais dificuldade do que os vermelhos em recrutar soldados de base; e o apoio que tiveram dos Aliados, embora não suficiente para virar a maré militar, foi suficientemente visível para despertar a indignação popular russa contra a "intervenção estrangeira".

A vitória, alcançada no inverno de 1920-1, é frequentemente atribuída à preferência dos camponeses que, na hora da verdade, preferiram os vermelhos aos brancos, temendo que estes trouxessem de volta os latifundiários. O mesmo aconteceu provavelmente com os não russos do Império, que não viam com bons olhos o apego dos brancos à "Rússia una

Trótski, representado como um diabo vermelho num cartaz de propaganda do Exército Branco intitulado "Paz e liberdade na terra soviética".

e indivisível". Os exércitos brancos, descoordenados e muitas vezes mal comandados, tinham a desvantagem de estarem dispersos pelas periferias de um grande país cujas redes de transporte e distribuição fluíam do centro para fora. O fim da guerra civil levou a um êxodo dos brancos pelas fronteiras meridionais, com muitos se estabelecendo na Iugoslávia, na Tchecoslováquia e na Bulgária, e pelas fronteiras orientais para a China, onde outros tantos acabaram em Harbin, na verdade uma cidade russa na Manchúria. A emigração de 1 milhão a 2 milhões de pessoas, entre elas diversos membros das elites, constituiu uma perda de talento substancial para o novo regime, mas também a eliminação permanente de uma ameaça política.

No início de 1921 ainda havia um pouco de limpeza a fazer na Ásia Central, no Cáucaso e no Extremo Oriente, mas o resultado da guerra civil era claro: os vermelhos haviam vencido, e o território que eles governavam não fora muito reduzido em relação ao do antigo Império Russo. Os Estados bálticos e a Finlândia haviam se separado. As províncias polonesas — a parte mais urbanizada e industrializada do antigo Império — haviam sido perdidas após um confronto militar entre o Exército Vermelho e as forças do novo Estado polonês, que resultou na derrota dos vermelhos e numa lição útil para os líderes bolcheviques: quando os trabalhadores poloneses viram as tropas soviéticas avançando sobre Varsóvia em 1921, eles as perceberam como invasores russos e não como libertadores proletários.

Em 1922, os filiados ao Partido Comunista eram 72% grandes russos, 6% ucranianos, 5% judeus, 3% letões e 2% georgianos. Isso significava que cerca de três em cada mil cidadãos soviéticos de todas as nacionalidades eram membros do Partido Comunista, com judeus, georgianos e russos um tanto super-representados em relação à população, e com ucranianos sub-representados. A forte preponderância de russos no partido era consequência do recrutamento da guerra civil, que elevou o número total de 24 mil em 1917 para mais de 700 mil em março de 1921, tornando-o um partido de massa pela primeira vez. Era também, em contraste com a situação anterior a 1917, um partido predominantemente masculino, com as lembranças da luta na guerra civil funcionando como agentes de união. No início de 1922, as mulheres representavam menos de 8% dos membros do partido.

Os líderes bolcheviques sentiram certo desconforto com a semelhança territorial da União com o antigo Império e a possibilidade de serem reconhecidos erroneamente como imperialistas russos por seus antigos súditos. Lênin insistia repetidamente no tratamento de não russos com luvas de pelica e em evitar "mesmo a menor grosseria ou injustiça" que poderia ser mal interpretada em termos nacionais. Ele entrou em conflito com Stálin sobre como lidar com os georgianos, a nacionalidade territorialmente mais rebelde que sobrara agora que os poloneses haviam partido. Stálin, ele próprio georgiano, era menos tolerante com aqueles comunistas da Geórgia cujo orgulho nacional espinhoso fora ofendido ao serem incluídos na Federação Transcaucasiana. Do seu ponto de vista, era tudo muito simples: se as periferias do antigo Império Russo fossem perdidas pelo novo Estado revolucionário, isso só prejudicaria o movimento revolucionário internacional, já que elas "cairiam inevitavelmente no conluio do imperialismo internacional". Portanto, tratava-se de uma escolha binária: "*ou* com a Rússia, o que significa libertação do jugo imperialista, *ou* com a Entente, o que significa que o jugo imperialista é inevitavelmente imperialista. Não há terceira opção". Sua união no território do antigo Império Russo seria o primeiro passo no caminho para uma "República Socialista Soviética Mundial".

2.
Os anos de Lênin e a luta pela sucessão

Do modo como os bolcheviques escreveram a história, eles subiram ao poder na qualidade de partido da classe trabalhadora industrial. Isso não era pura fantasia: as multidões nas ruas de Moscou e Petrogrado, em julho, eram para apoiá-los, e o partido tivera um influxo de novos membros. Em outubro de 1917, obtiveram o maior número de delegados eleitos para o Congresso dos Sovietes nacionais. Nas eleições para a Assembleia Constituinte realizadas em novembro, ficaram em segundo lugar, com 25% dos votos nacionais, atrás do Partido Socialista Revolucionário (SR) de orientação camponesa — mas em dezembro esse partido já se dividira, e vários SRs de esquerda entraram no governo de Lênin.

A noção de representação dos bolcheviques, no entanto, era claramente não parlamentar. Eles viam seu partido como o representante escolhido da classe trabalhadora e, na cabeça deles, tratava-se de uma escolha histórica única, uma união indissolúvel. Os bolcheviques não podiam conceber a possibilidade de os trabalhadores recorrerem a outros representantes políticos se ficassem insatisfeitos com o novo regime. Mas sob as terríveis circunstâncias econômicas e militares predominantes, essa insatisfação era extremamente provável. Com efeito, ela ficou manifesta, junto com o renovado interesse dos trabalhadores por outros partidos políticos (socialistas) já na primavera de 1918. No final de 1920, os marinheiros de Kronstadt — primeiros e firmes apoiadores dos bolcheviques em 1917 — se revoltaram, clamando por "sovietes sem comunistas" (os bolcheviques haviam assumido o nome de Partido Comunista Russo em 1918 e viriam a ser o Partido Comunista da União Soviética em 1924). A revolta de Kronstadt foi um repúdio simbólico terrível para os bolcheviques, mas não os desviou de seu caminho. O poder de tirar a Rússia do atraso e levá-la ao socialismo por meio da "ditadura do proletariado" havia caído em suas mãos, e eles não estavam dispostos a perdê-lo.

A insatisfação operária não era o único problema dos bolcheviques com a classe trabalhadora. Havia a possibilidade mais alarmante de que a própria classe estivesse se desfazendo. Soldados e marinheiros do Exército Imperial, que serviram como proletários temporários durante todo o ano revolucionário, haviam se desmobilizado. Quanto aos trabalhadores industriais, alguns estavam agora do lado errado da fronteira ocidental, e muitos dos que permaneceram na Rússia e na Ucrânia desapareceram de forma desconcertante das cidades, voltando para suas aldeias nativas em busca de sobreviver nas terras de suas famílias. Não era assim que os proletários deveriam se comportar, de acordo com Marx, e foi fácil para os bolcheviques esquecer que a primeira geração do proletariado russo ainda tinha fortes laços com o campesinato, o que significava que quando as fábricas fechavam e a fome devastava as cidades, eles tinham a opção de simplesmente ir para casa e voltar a ser camponeses. De trabalhadores "conscientes" que apoiavam ativamente os bolcheviques, muitos haviam se tornado voluntários do Exército Vermelho ou passado a trabalhar em tempo integral no partido. Quando a guerra civil terminou, os vencedores procuraram a classe que deveria ser seu apoio social e descobriram que ela havia desaparecido. "Permitam-me parabenizá-los por serem a vanguarda de uma classe inexistente", zombou um oponente político.

As relações com o campesinato eram difíceis, mas isso era ao menos um problema previsível. Os bolcheviques haviam aprovado retrospectivamente a apropriação espontânea de terras pelos camponeses, o que melhorou a posição deles nas áreas rurais, mas a requisição de grãos para alimentar as cidades e o Exército — realizada por brigadas armadas de trabalhadores e soldados que levavam poucos ou nenhuns bens manufaturados para oferecer em troca — foi amplamente ressentida, assim como o hábito dos bolcheviques de tentar dividir o campesinato em campos opostos. Eles supunham que a exploração de classe existia tanto na aldeia quanto na cidade, sendo os cúlaques os exploradores e os camponeses pobres suas vítimas. Mas a maioria dos camponeses rejeitava esse modelo de classe e via suas aldeias como comunidades unitárias que se relacionavam com o mundo exterior por meio da organização tradicional da aldeia, o *mir*. Na Ucrânia, um exército camponês "verde", sob o comando de Néstor Makhnó, lutou contra

"O cúlaque e o padre", cartaz de Víktor Déni.
Observe o focinho de porco no cúlaque.

os bolcheviques de um lado e os brancos do outro. Na cidade de Tambov, no centro da Rússia, uma grande revolta camponesa foi suprimida somente após o envio de 50 mil soldados do Exército Vermelho.

No final da guerra civil, o Exército Vermelho era a espinha dorsal da administração soviética, bem como uma escola de alfabetização de facto para soldados camponeses e um local de treinamento para recrutar futuros administradores comunistas ("quadros"). Mas o Exército Vermelho não poderia desempenhar essas funções indefinidamente. Estudantes aplicados da história revolucionária, os bolcheviques estavam bem cientes de que a Revolução Francesa havia terminado quando Napoleão Bonaparte, um ex-cabo do Exército Revolucionário que havia conquistado grande parte da Europa, se declarou imperador. Isso não ia acontecer na Rússia. Cerca de 2 milhões de homens haviam sido desmobilizados do Exército Vermelho no início de 1921, e o Politburo logo transferiria o carismático líder do Exército, Trótski, para outro trabalho.

O fim da guerra civil colocou em relevo a questão de como os bolcheviques se propunham a governar. Mal se havia pensado nisso antes, em parte porque nos primeiros anos existia uma expectativa real de revolução internacional, que teria evitado a necessidade de criar um governo revolucionário nacional separado para a Rússia. Mas no início da década de 1920 ficou claro que a onda de atividade revolucionária do pós-guerra na Europa havia acabado e a Rússia teria de seguir sozinha. Porém, a futura revolução internacional continuou a ser um artigo de fé, e a Internacional Comunista (o Comintern), criada em 1919 para unir os partidos comunistas em todo o mundo sob a liderança de Moscou, estava lá para provar isso. A União Soviética e o Comintern olhavam agora tanto para o Leste quanto para o Oeste: um Congresso dos Povos do Oriente realizado em Baku em setembro de 1920 proclamou solidariedade às vítimas da exploração colonial e apoio a seus movimentos de libertação. No entanto, como até o momento a revolução havia triunfado apenas na Rússia, era indispensável elaborar os arranjos para o que Stálin mais tarde chamaria de "socialismo em um país".

Os bolcheviques supunham que, a longo prazo, a revolução garantiria a todos os cidadãos trabalho, educação e assistência médica gratuitas e proteção social — mas nada disso poderia ser fornecido de forma universal imediatamente, tendo em vista a pobreza do Estado e as consequências caóticas da guerra. A curto prazo, o que se oferecia era uma "ditadura do proletariado". Por um lado, isso significava o domínio do Partido Bolchevique num Estado efetivamente de partido único (os SRs de esquerda haviam deixado o governo em meados de 1918, enquanto outros partidos socialistas estavam sendo gradualmente eliminados); por outro, significava um tratamento preferencial para os trabalhadores na distribuição dos escassos recursos estatais. Na linguagem comum, então como agora, "ditadura" implicava geralmente o governo de um homem que assumia poderes ditatoriais: Napoleão era o exemplo histórico, e Mussolini — com um partido de voluntários ideologicamente comprometidos para mobilizar as massas atrás dele —, o contemporâneo. As posturas de Mussolini como Il Duce foram bastante ridicularizadas na imprensa soviética, e a ditadura pessoal definitivamente não era o que Lênin tinha em mente. No Politburo do partido, ele, apesar de sua grande autoridade de fundador, insistia na posição de não ser mais do que o primeiro entre os iguais.

Entretanto, Lênin se tornara chefe do governo (o Conselho dos Comissários do Povo) em outubro de 1917 e pode muito bem ter se imaginado como a autoridade suprema no novo sistema. Na verdade, acabou sendo o contrário. O fato de chamar os ministérios do governo de "Comissariados do Povo" não disfarçou sua linha de descendência da burocracia tsarista, e o emprego de "especialistas" não comunistas prejudicou ainda mais sua posição. O partido, que rapidamente adquiriu sua própria rede paralela regional e local, composta por comunistas em tempo integral indicados, mostrou ser um formidável concorrente pela primazia. A partir do final da guerra civil, o homem mais importante em determinada localidade era geralmente o secretário local do partido, vindo logo a seguir o presidente do soviete local (agora parte do aparato estatal). No centro, o mesmo processo demorou um pouco mais devido à autoridade singular de Lênin como chefe do governo, mas na época de sua morte, em 1924, já estava claro que o Politburo detinha a posição dominante.

O Politburo da primeira metade da década de 1920 era composto por cerca de dez pessoas eleitas pelo Comitê Central do partido (ele próprio eleito em congressos partidários mais ou menos anuais por delegados dos diretórios locais do partido). Sua função era decidir sobre os principais assuntos políticos — mas, além disso, havia a questão das nomeações, uma tarefa urgente à medida que o novo regime se estabelecia. As principais nomeações do partido, assim como as missões governamentais e militares, tinham de ser aprovadas pelo Politburo, mas, abaixo desse nível, o partido também precisava de um órgão encarregado de equipar a nova burocracia partidária em todo o país. Isso ficou nas mãos do secretariado do Comitê Central, chefiado a partir de 1922 pelo secretário-geral Ióssif Stálin, um membro do Politburo. Entre as principais nomeações sob seu controle estavam os secretários do partido em nível regional e distrital — os executores locais da "ditadura do proletariado".

A proliferação de novas instituições, cada uma com suas próprias siglas ou iniciais incompreensíveis (Tseká, Ispolkom, Sovnarkom, VTsIK), desconcertou os contemporâneos e foi objeto de muitas anedotas populares, como aquela sobre o lendário diretor de teatro Konstantin Stanislávski ter misturado GUM, uma loja de departamentos estatal de Moscou, com a GPU, sucessora da Tcheka como polícia de segurança. Mas mesmo as instituições revolucionárias têm o hábito de cair em padrões familiares. À medida que o sistema se estabelecia e os precedentes históricos se reafirmavam silenciosamente, o cargo de primeiro-secretário regional e republicano do partido passou a se assemelhar ao de governador provincial nos tempos tsaristas, principalmente por ter um grande poder local temperado apenas pela dependência da contínua aprovação central (do secretariado do partido e do Politburo).

Quanto aos sovietes, eles caíram em papéis secundários. No nível nacional, o órgão eleito que seria conhecido na década de 1930 como o Soviete Supremo desempenhava uma função quase parlamentar, e seus delegados (nomeados pelo partido) eram cuidadosamente escolhidos para dar uma representação adequada aos trabalhadores, camponeses, membros das minorias étnicas e às mulheres. Durante a maior parte do período entreguerras, seu presidente, que também era o chefe formal do Estado soviético, foi Mikhail Kalínin, um respeitado ancião do partido de origem operária e camponesa. Em nível local, os comitês executivos soviéticos, agora constituídos por pessoal nomeado pelo centro, em vez de eleitos localmente, foram transformados em ramos regionais e distritais dos Comissariados do Povo centrais.

Nos primeiros anos, os líderes bolcheviques lutaram para inventar um novo sistema com rapidez e fazê-lo funcionar. Os problemas eram enormes, em particular o de encontrar quadros confiáveis que pudessem ao mesmo tempo entender as instruções e usar a iniciativa própria. Atribui-se com frequência a Lênin a frase segundo a qual qualquer cozinheiro poderia dirigir o governo. O que ele de fato escreveu, em resposta à crítica "burguesa", foi que não era tão estúpido a ponto de pensar que qualquer cozinheiro poderia intervir imediatamente e governar o Estado sem treinamento, nem tão preconceituoso a ponto de supor que apenas pessoas nascidas com privilégios eram capazes de fazê-lo. Na verdade, a estratégia dos bolcheviques era usar trabalhadores industriais "conscientes" — não o estrato mais baixo da sociedade urbana, mas uma classe socioeconômica mediana, provavelmente entre os 15% mais ricos da população russa — como principal campo de recrutamento para administradores. A promoção dos cozinheiros, uma vez formados e conscientizados, poderia vir mais tarde.

O Exército Vermelho foi outra importante fonte de quadros bolcheviques. A desmobilização do início da década de 1920 trouxe uma enxurrada de suboficiais e soldados alfabetizados — expostos durante o serviço militar às ideias bolcheviques — de volta às cidades e aldeias, prontos para papéis de liderança. Uma consequência não intencional foi um grau de militarização cultural do que havia sido um partido de mentalidade civil. Às vezes parecia que Lênin, aos cinquenta anos, era o único homem no partido que ainda usava terno: o estereotipado administrador bolchevique da década de 1920 era um jovem com experiência na guerra civil de botas, jaqueta do Exército e boné de operário. (As relativamente poucas mulheres nesses papéis se vestiam da mesma maneira, ou pelo menos tão parecidas com um homem quanto possível.)

A nova política econômica

Durante a guerra civil, os bolcheviques estatizaram tudo o que havia nas cidades, inclusive o comércio, respondendo tanto à ideologia quanto às exigências práticas de uma economia de guerra. Uma vez que as decisões do regime eram pouco seguidas fora das grandes cidades, eles essencialmente deixaram que as aldeias administrassem seus próprios assuntos,

Trótski, Lênin e Kámenev visitam o Exército Vermelho na frente polonesa da guerra civil, em 5 de maio de 1920. Observe-se o traje civil de Lênin, enquanto os outros dois estão em trajes militares.

embora fossem submetidas a ataques periódicos de requisição pelos vermelhos (e pelos brancos, nos territórios que estes controlavam). O racionamento, implantado nas cidades durante a guerra europeia, permaneceu em vigor e, como sempre acontece com o racionamento, o mercado clandestino floresceu. A inflação desenfreada derrubou o valor da moeda, o que alguns entusiastas esperançosos consideraram um sinal do "declínio do dinheiro" que Marx havia previsto que ocorreria sob o socialismo. O colapso administrativo e o caos também podiam ser interpretados como o "declínio do Estado" que acompanharia o socialismo, sobre o qual Lênin havia escrito em meados de 1917. Mas, no meio de uma guerra civil, o declínio do Estado era a última coisa que Lênin desejava. O Estado precisava ser forte (uma ditadura proletária) e, com mais urgência, precisava funcionar.

Os comunistas haviam vencido a guerra civil, mas esse era praticamente o único ponto luminoso no horizonte. A economia urbana e a infraestrutura industrial estavam destruídas. O país sofria um boicote das potências ocidentais, que não haviam perdoado a retirada da Rússia da guerra europeia em um momento crucial. O "comunismo ateu" era condenado nos púlpitos do Ocidente, e abundavam histórias de horror de canibalismo e "socialização de esposas". Um subtexto geralmente não falado que circulava em particular na Alemanha e na Europa Oriental era que os homens selvagens que haviam conquistado a Rússia eram um bando de judeus, conforme predito no antissemita *Os protocolos dos sábios de Sião*. Isso estava um pouco mais próximo do alvo do que era confortável para os bolcheviques. Não mais confinados à Zona de Assentamento, jovens judeus das regiões ocidentais afluíram a Moscou e Petrogrado, aderiram ao Partido Comunista em números substanciais e ascenderam rapidamente na nova administração. Depois dos letões, os judeus eram o grupo étnico proporcionalmente mais representado no partido. (Os judeus constituíam 4,3% dos membros do partido em 1927 e 1,8% da população total.) O Comitê Central eleito pelo X Congresso do Partido em março de 1921 era multiétnico, como o próprio antigo Império Russo, e incluía georgianos, judeus, ucranianos, letões e outras nacionalidades, mas os russos predominavam. No Politburo, no entanto, três dos cinco membros votantes (Trótski, Grigóri Zinóviev e Liev Kámenev) eram judeus, além de um georgiano (Stálin) e um russo (Lênin) — embora os três membros suplentes (Nikolai Bukhárin, Mikhail Kalínin e Viatcheslav Mólotov) também fossem russos.

O Partido Bolchevique estava firmemente comprometido com a modernização industrial (em termos marxistas, uma precondição para o socialismo) e pretendia realizá-la com a ajuda do planejamento econômico de um Estado central, uma inovação conceitual para tempos de paz, embora praticada como um expediente de guerra durante a Primeira Guerra Mundial pela Alemanha e outros beligerantes. Mas, a partir de 1921, havia tarefas econômicas urgentes que estavam muito além da capacidade dos órgãos de planejamento embrionários da Rússia. Lênin decidiu que uma restauração parcial do mercado era a única opção imediata, embora devesse ser entendida como um recuo estratégico temporário. Na Nova Política Econômica (NEP, na sigla em russo), os bancos e as grandes empresas industriais permaneceram nas mãos do Estado, mas o comércio varejista e a pequena indústria voltaram para mãos privadas ou cooperativas, e os camponeses puderam novamente vender seus produtos no mercado. Essas medidas foram uma decepção para os entusiastas comunistas, e foi necessária toda a autoridade de Lênin para aprová-las.

"O camarada Lênin limpa a terra da escória": desenho
de Víktor Déni (baseado em Mikhail Tcheremnikh),
1920. Tsares, padres e capitalistas são a escória.

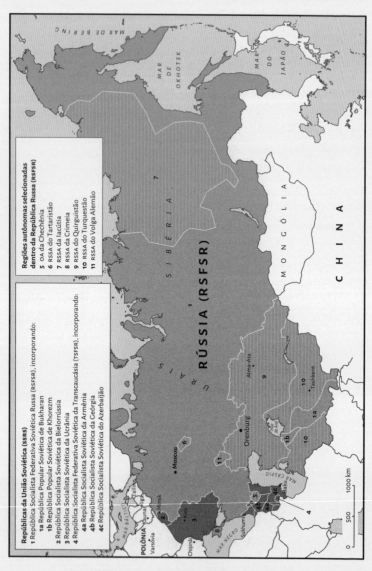

União Soviética em 1922, mostrando suas repúblicas
e zonas autônomas selecionadas.

O resultado foi uma rápida recuperação dos pequenos negócios e do comércio nas cidades, mas também de aspectos da vida urbana que os bolcheviques consideravam deprimentemente retrógrados: restaurantes frequentados pela "burguesia" e suas esposas vestidas com peles, assim como cabarés e prostituição. Os bolcheviques odiavam a nova burguesia comercial, conhecida como *nepmen*, e consideravam seus integrantes não apenas "inimigos de classe", mas também vigaristas — o que não era inverossímil por completo, uma vez que a economia da NEP mantinha muitas características do mercado clandestino que havia substituído, inclusive a dependência de bens retirados por qualquer meio dos armazéns do Estado. A indústria, em especial a grande indústria, ficou para trás, principalmente por causa da escassez de capital: o novo Estado soviético estava sem dinheiro, não havia capitalistas locais para investir e os capitalistas estrangeiros não eram mais bem-vindos.

Nas repúblicas e regiões não russas, o principal problema era a integração da Ásia Central historicamente muçulmana, onde o confronto entre os costumes tradicionais e os soviéticos se concentrava particularmente na retirada dos véus das mulheres. A política soviética de nacionalidade distinguia entre grupos étnicos "atrasados" (como uzbeques e basquires) e aqueles que estavam em um nível cultural equivalente (ou acima) dos russos (como ucranianos, georgianos e judeus), mas "indigenização" — o uso de línguas locais e a educação e promoção de quadros locais — era a palavra de ordem em todos os lugares (mesmo que na Ucrânia seu implementador na década de 1920 tenha sido Lázar Kaganóvitch, um judeu que falava um ucraniano enferrujado de uma infância passada em aldeia).

Alguns observadores no exterior tinham a esperança de que, com a NEP, a Rússia se recuperasse de seu surto de loucura revolucionária e voltasse ao normal. Isso era exatamente o que os líderes bolcheviques temiam — ter vencido a revolução na política para depois perdê-la econômica e socialmente. Surgiram tentativas de sondagem no Ocidente para restabelecer as relações com base no perdão parcial das dívidas tsaristas (que os bolcheviques se recusavam a honrar) e na retomada do comércio. Mas na questão do comércio exterior, Lênin foi inflexível: ele deveria continuar a ser um monopólio estatal, por medo de que os imperialistas o usassem como uma cunha, tal qual nos tempos tsaristas, para empurrar a Rússia de volta a uma posição de subserviência colonial. Um corolário dessa atitude em relação ao comércio exterior era que as fronteiras do Estado tinham de ser mantidas bem fechadas para impedir o contrabando de mercadorias que florescera nos primeiros anos após a revolução — e, mais tarde, também para impedir a entrada de ideias ocidentais perigosas. O resultado desse isolamento autoimposto do mundo, que duraria de certa forma por quase toda a vida da União Soviética, foi uma espécie de insularidade cultural agressiva transmitida por meio da típica combinação soviética de jactância e sentimento de inferioridade ao lidar com o Ocidente.

Lênin insistia que o relaxamento das políticas econômicas não significava relaxamento político. Era como um exército engajado numa retirada tática, escreveu ele: a disciplina deve ser inabalável para evitar que a retirada se transforme em debandada. O país tinha efetivamente um sistema de partido único no final da guerra civil, de modo que a principal arena possível para o conflito era o próprio partido. Lênin nunca havia tolerado muito desacordo no Partido Bolchevique antes da revolução, mas em 1917 e nos primeiros anos no poder, ele o tolerou numa série de questões — entre outras, tomar ou não o poder em outubro (Zinóviev e outros tinham dúvidas); se deveria assinar o Tratado de Brest-Litovsk com os alemães em 1918 (Bukhárin e os "comunistas de esquerda" eram contra); e se oficiais tsaristas ("especialistas burgueses") poderiam ser usados, sob controle apropriado, no Exército Vermelho durante a guerra civil (Trótski era a favor, Stálin, contra).

No fim de 1920, a luta entre facções já se tornara não só uma prática estabelecida dentro do partido, mas também gerara uma questão de princípio. Um grupo chamado "centralistas democráticos" defendia mais democracia dentro do partido, enquanto Lênin achava que já havia demais. Se os centralistas democráticos tivessem vencido, o partido poderia ter se tornado um guarda-chuva para uma série de facções organizadas que buscavam apoio para agendas específicas, com resultados decididos por votos que todos aceitavam como vinculantes, mas esse pluralismo ia contra o pensamento da maioria das bases bolcheviques, que queria uma liderança decisiva em vez de democrática e tendia a ver as divergências no comando com desaprovação. De qualquer modo, Lênin não estava disposto a deixar isso acontecer. No X Congresso do Partido, ele mobilizou descaradamente sua própria facção — que incluía Stálin e o membro suplente do Politburo Mólotov — para aprovar uma resolução "Sobre a unidade do partido" que bania as facções. Isso deu ao grupo de Lênin uma arma útil para usar contra oponentes, que agora poderiam ser acusados de violar a proibição do facciosismo. Mas seria um erro concluir que a resolução realmente fez com que as facções do partido desaparecessem. Na verdade, floresceram ao longo da década de 1920 como nunca antes — até Stálin acabar com elas.

Para onde agora?

A década de 1920 foi frequentemente representada em retrospecto, de forma nostálgica, como uma era dourada de pluralismo e permissividade. Mas na época não parecia a "idade de ouro"; estava mais para uma era de ansiedade. Os trabalhadores seguiam preocupados com o desemprego. Os camponeses, especialmente os mais velhos, estavam perplexos com o vocabulário ocidentalizado dos bolcheviques e o quadro de referência estranho: quem era Karlo-Mars? O que era *levoliútsiia* (uma má compreensão da igualmente incompreensível *revoliútsiia*)? Por que os jovens das cidades se chamavam *komsomóltsi* (Komsomol era o acrônimo da União da Juventude Comunista) e zombavam dos sacerdotes? Se Lênin era o novo tsar, por que não o chamavam assim? Por que os "departamentos femininos" dos bolcheviques tentavam atrair mulheres camponesas e trabalhadoras decentes de sua esfera apropriada para a vida pública, e por que os homens agora podiam abandonar suas esposas e seus filhos nos chamados "divórcios postais"? Os cidadãos comuns — aqueles que os bolcheviques chamavam de "filisteus pequeno-burgueses" — estavam apreensivos porque se sentiam injuriados por tempestades políticas mal compreendidas e temiam o que os bolcheviques poderiam fazer a seguir. Na época, a intelligentsia (que mais tarde se tornaria propagadora do mito da "idade de ouro") estava aborrecida porque os bolcheviques os chamavam de "burgueses", ignoravam suas pretensões de liderança moral e não os deixavam administrar instituições, como universidades e teatros estatais, sem supervisão política. Foi uma época de grande vitalidade da vanguarda nas artes, mas também de facciosismo artístico encarniçado em que as facções concorrentes constantemente se engalfinhavam e denunciavam umas às outras às autoridades.

Os membros do partido também estavam tomados de ansiedade. Tinham dúvidas se conseguiriam desempenhar as funções administrativas para as quais muitas vezes estavam mal preparados. Sentiam-se ameaçados por espiões capitalistas e pela subversão, por ataques militares do exterior, por uma revanche da burguesia perniciosa e pela influência de cúlaques, padres, *nepmen* e outros "inimigos de classe". Eles também

Anatóli Lunatchárski (à dir.), o primeiro comissário do povo para a instrução pública (1917-29), com seu secretário e cunhado Ígor Sats (mais tarde, um dos editores de *Novy Mir*), em meados da década de 1920.

temiam o "mascaramento", isto é, burgueses que fingiam ser proletários e cúlaques que fingiam ser camponeses pobres — um temor totalmente justificado, na medida em que a política dos bolcheviques de favorecer e recompensar os proletários e penalizar a burguesia levava todo tipo de pessoa a tais enganos. Preocupavam-se com a exaustão e a saúde precária da preciosa coorte dos "velhos bolcheviques", bem como com a desilusão e o suicídio entre os jovens. Eles temiam uma "degeneração termidoriana" do partido, como ocorreu na esteira do terror revolucionário francês. Os veteranos da guerra civil sentiam falta de sua camaradagem durante a guerra. Os entusiastas do Komsomol, jovens demais para lutar, lamentavam em voz alta a suposta perda de espírito militante do partido.

Lênin, em seus últimos anos, cultivou suas próprias preocupações sobre se o partido tinha competência e cultura para realizar as enormes tarefas que havia assumido. Em alguns de seus últimos escritos, ele parece falar quase como um menchevique de 1917, deplorando a "prematuridade" da Revolução de Outubro. Mas ele era um homem doente naqueles anos, efetivamente removido pela doença do círculo mágico do poder, e isso certamente contribuiu muito para o seu pessimismo. Tinha apenas cinquenta anos em 1920, porém sua saúde foi afetada pelo ferimento de bala que recebeu numa tentativa de assassinato em 1918 e, em maio de 1922, sofreu um derrame. Tentou continuar trabalhando, mas em dezembro sofreu um segundo AVC, encerrando sua participação na vida política. Houve um terceiro derrame em março de 1923, e em 21 de janeiro de 1924, ele morreu.

Nos vinte meses de sua doença, isolado com a esposa em sua datcha nos arredores de Moscou, sua ansiedade com o atraso da Rússia e o baixo nível cultural do partido tornou-se quase uma obsessão. A passividade das massas, temia Lênin, deixava os comunistas fazerem todo o trabalho pesado, mas os próprios comunistas eram especialmente pouco instruídos e, assim, ficavam à mercê de burocratas do governo (resíduos do antigo regime) com valores diferentes. "Se considerarmos Moscou, com seus 4700 comunistas em cargos de responsabilidade, e considerarmos essa enorme máquina burocrática, esse gigantesco amontoado, devemos perguntar: quem está dirigindo quem?", comentou quase desesperado em 1922.

Nesse período, Lênin também se tornou fortemente crítico das tendências "oligárquicas" do partido, ou seja, do governo comandado por um Politburo do qual ele não era mais um membro ativo devido à doença. Alguns historiadores interpretaram esses escritos tardios como prova da conversão de Lênin à democracia participativa e ao pluralismo. A possibilidade de tal interpretação viria a ter importância considerável para o futuro enquadramento do debate dentro do Partido Comunista soviético, uma vez que permitiu que um Lênin "democrático" fosse invocado (como o foi no período pós-Stálin) como uma espécie de contraponto a Stálin — um defensor da legalidade contra o poder estatal opressivo e arbitrário. Que isso seja uma representação exata de Lênin na vida real é mais duvidoso. Como um hábil dialético, ele sempre foi capaz de mudar abruptamente de um lado de uma discussão para o outro. Certamente se ressentiu muito de ter sido cortado do circuito do Politburo por ordem dos médicos. No entanto, nunca se queixou de uma oligarquia do Politburo quando o encabeçava, e mesmo durante sua doença, não sugeriu que a proibição de facções deveria ser levantada nem que os soviets cada vez mais moribundos deveriam ser encorajados a retomar a participação ativa na vida política. O que, sem dúvida, ressurgiu nos últimos anos de Lênin foi uma preocupação humanista com o esclarecimento do povo por meio da provisão de escolas, aulas de alfabetização, salas de leitura e bibliotecas, algo que ele e sua esposa — agora sua única companheira — sempre compartilharam.

A luta pela sucessão

Mesmo antes da morte de Lênin, sua doença precipitou uma luta entre facções dentro da liderança — e lá se vai a proibição de facções! — que foi travada por meia década e acabou com a ascensão de Stálin à chefia do poder. Ela não foi inicialmente pensada como uma briga pela liderança, mas como uma luta para manter a unidade do Politburo. No início, a ameaça percebida a essa unidade era Trótski — um herói da guerra civil, com uma fama popular menor apenas que a de Lênin, mas um retardatário no Partido Bolchevique e, para aqueles que leram a história revolucionária francesa, o homem mais provável de assumir o papel de Bonaparte e sequestrar a revolução. A maior parte do resto do Politburo, inclusive Stálin, Zinóviev e Bukhárin, cerrou fileiras para deixá-lo de fora e conseguiu.

Lênin não se envolveu diretamente nessas disputas, mas logo após seu segundo derrame, escreveu uma carta ao Comitê Central — conhecida pelos historiadores, mas não por Lênin, como seu "Testamento" — em que resumia as capacidades de vários membros importantes do partido, entre eles Trótski, Stálin, Zinóviev e Bukhárin. Ao distribuir elogios e críticas de forma mais ou menos equitativa, esse documento, em sua forma original, não endossava nem desqualificava nenhum dos potenciais candidatos à liderança. Mas alguns dias depois, Lênin acrescentou um pós-escrito sobre Stálin, dizendo que ele era "rude demais" e não tinha as qualidades necessárias para ser o secretário-geral do partido. Essa avaliação foi provocada por uma briga entre Krúpskaia e Stálin. O Politburo havia dado a Stálin a ingrata tarefa de fazer com que as ordens dos médicos para manter jornais e documentos oficiais longe de Lênin fossem seguidas, mas Krúpskaia, que achava que manter o paciente na ignorância o agitava mais, desobedeceu. Quando soube que Stálin a havia maltratado por causa disso, Lênin pronunciou-se com uma declaração extraordinariamente não bolchevique — uma verdadeira inversão do código de honra de sua juventude — de que ele não poderia manter relações com um homem que havia insultado sua esposa.

Os comentários de Lênin feriram Stálin pessoalmente — diz-se que ele fugiu de Moscou e se escondeu sozinho numa datcha por vários dias após a apresentação da carta — e causaram-lhe considerável constrangimento político. Mas na época em que foram feitos, Stálin não era visto por ninguém, exceto talvez por ele mesmo, como um sucessor plausível de Lênin. Ele era o homem apagado dos bastidores e com sotaque georgiano que, como secretário-geral, fazia o enfadonho trabalho organizacional para o qual outros membros do Politburo não tinham tempo. Mesmo na luta contra Trótski em 1923-4, Stálin era apenas mais um de um grupo do Politburo, a "maioria do

Comitê Central", que defendia a unidade do partido da contestação de Trótski. Do grupo fazia parte Zinóviev, chefe do diretório de Leningrado do partido e do Comintern, que provavelmente se considerava seu líder, e o popular, porém mais jovem e de menos peso, Bukhárin, que era editor do *Pravda*, jornal do partido, e sucederia Zinóviev na chefia do Comintern em 1926.

A luta pela sucessão foi a questão básica subjacente aos conflitos faccionais da década de 1920, embora não fosse abertamente reconhecida como tal, e o partido, sem um *Führerprinzip* ou um cargo para acompanhá-lo, não tinha formalmente um líder individual para substituir. Mas então Lênin morreu, e tudo mudou em consequência de uma efusão de demanda popular — assumida por alguns líderes do partido, mas não originada deles — para que ele fosse essencialmente divinizado. "Lênin vive" tornou-se o slogan do dia, e seus seguidores foram exortados a levar adiante seu legado. Para horror de sua viúva ateia e de muitos de seus companheiros, seu corpo foi embalsamado e colocado num mausoléu ao lado do Kremlin. O culto a Lênin havia sido muito bem lançado e do mesmo modo, tacitamente, a premissa de que o partido precisava de um líder (em russo, *vojd*).

Embora a sucessão fosse a principal questão subjacente na luta entre facções da década de 1920, havia também questões políticas em jogo. Dessas, a mais abrangente era se deviam optar por políticas agressivas, que fossem populares no partido, ou conciliatórias, que agradassem à população. Atacar algum grupo de fora — *nepmen*, cúlaques, padres, "especialistas burgueses", estrangeiros capitalistas — e usar o poder do Estado para esmagá-lo era uma boa estratégia para manter o senso de identidade e propósito revolucionários do partido. Mas fazer concessões à população, particularmente ao campesinato, a fim de conquistá-la e tornar o regime mais seguro, era claramente o caminho mais prudente. Foi essa última posição que prevaleceu durante a maior parte da década de 1920.

Mausoléu de Lênin: um retrato da década de 1950 do monumento construtivista de granito de Aleksei Schússev, erguido nos anos 1920, situado na praça Vermelha junto à parede do Kremlin.

O conflito com Trótski começou com questões de política pública, não de liderança partidária, quando Lênin ainda estava vivo. Os problemas eram o crescimento do burocratismo dentro do partido, a falta de consulta à base e o poder excessivo de uma pequena elite de "velhos bolcheviques", preocupações próximas às que Lênin havia expressado. O manifesto do "Novo Curso" que Trótski lançou em 1923 foi um apelo à mudança geracional que iniciou uma ampla discussão dentro do partido. No inverno de 1923-4, a seleção de delegados para o vindouro XIII Congresso do Partido transformou-se em algo parecido a uma verdadeira campanha eleitoral nos diretórios partidários, com alguns delegados apoiando as teses de Trótski, outros as dos centralistas democráticos (que vinham levantando a bandeira da democracia partidária desde 1920) e outros ainda a linha da "maioria do Comitê Central" de Zinóviev e Stálin — que venceu, apesar de uma substancial dissidência.

A facção de Trótski foi então rotulada de "Oposição" à "maioria do Comitê Central", uma rotulagem tão esperta quanto a de Lênin em 1903, quando chamou sua facção minoritária do Partido Social-Democrata dos Trabalhadores de "bolcheviques". Zinóviev, Kámenev e Stálin eram agora o triunvirato no comando e, em meados de 1924, Zinóviev, com o apoio do Politburo, lançou a campanha "Olhar para o campo", a fim de levar mais recursos econômicos e culturais para as aldeias e convencer os camponeses que o poder proletário estava do lado deles. Bukhárin abordou o tema com um apelo aos camponeses para "enriquecer", o que também era um pedido implícito aos comunistas para que parassem de rotular qualquer camponês próspero e moderno de explorador cúlaque. Houve ainda um esforço para revitalizar os sovietes, outrora bastiões da democracia popular, mas que agora definhavam. Por alguns anos, a prática de limitar os candidatos nas eleições para os sovietes aos indicados pelo partido local foi abandonada: o partido e as organizações do Komsomol relaxaram seu controle e a população ficou livre para apresentar seus próprios candidatos e votar mais ou menos em quem gostasse.

Assim, houve lampejos democráticos em meados da década de 1920, tanto dentro do partido quanto nos sovietes. Mas o experimento com a democracia soviética logo desapareceu (muitos aldeões queriam eleger autoridades locais que o partido local considerava inimigos de classe), e a democracia partidária não se saiu melhor. Após a quase eleição relativamente apertada de maio de 1924, Stálin, como chefe do secretariado do partido, se esforçou mais para controlar o Congresso, selecionando nas regiões delegados aprovados por Moscou. Isso foi facilitado pelo fato de que as facções ganharam pouca força no partido fora das capitais. Os comunistas locais tendiam a colocar os conflitos do Politburo na antiga categoria russa de "luta entre os boiardos" e a ver os oposicionistas como *frondeurs* privilegiados.

O controle de Stálin sobre as nomeações de secretários regionais do partido — que por sua vez eram frequentemente enviados como delegados de suas regiões aos congressos do partido que elegiam o Comitê Central e, por fim, o Politburo — estabeleceu um "fluxo circular de poder", para grande vantagem de Stálin. Mas havia algo mais naqueles secretários regionais do que simplesmente fazer o papel de protegidos do patrono Stálin. Eles eram "pequenos Stálins", cercados pelas "famílias" de seus próprios protegidos políticos, sem os quais Moscou não poderia ter governado as províncias. Na verdade, houve escândalos recorrentes e expurgos ocasionais, mas, em geral, o poder do primeiro-secretário do partido em seu feudo, e como lobista para esse feudo em Moscou, seria uma constante por toda a vida da União Soviética.

Em meados da década de 1920, com a economia de volta ao funcionamento seminormal após a interrupção da guerra civil, já era hora de pensar mais seriamente sobre um compromisso fundamental do partido: a industrialização. Todos concordavam com a necessidade de uma industrialização rápida a fim de criar os pré-requisitos para o socialismo, mas a opinião estava dividida sobre quão rápido ela deveria ser e de onde deveria vir o dinheiro para investir em milhares de novas fábricas, minas, usinas hidrelétricas e ferrovias. Alguns, inclusive Trótski por vezes, eram a favor do uso cauteloso de investidores estrangeiros, apesar das restrições de Lênin a respeito disso, mas não estava claro se algum capitalista estrangeiro iria querer investir, para não mencionar se uma política desse tipo poderia ser vendida para o partido como um todo. Cinco anos antes, havia a esperança de que toda a questão de como gerir o desenvolvimento econômico da Rússia se tornaria irrelevante com a vitória da revolução no Ocidente, o que permitiria que a Rússia se juntasse à Alemanha e a outras economias mais avançadas. Agora que a esperança se fora — e Stálin estava apenas afirmando o óbvio quando apresentou o slogan "Socialismo em um só país" —, não havia outra opção disponível.

Mas se a industrialização teria de ser promovida sem investimento estrangeiro, esse dinheiro precisava ser encontrado em algum lugar da economia interna e, infelizmente, a maioria daqueles que tinham dinheiro (os "exploradores") já havia sido expropriada. "Apertar os camponeses" — isto é, fazê-los pagar mais pelos bens que compravam na cidade e dar-lhes menos pelos bens que traziam para o mercado — parecia uma boa opção para muitos. Mas era pouco compatível com a política de "olhar para o campo" defendida por Zinóviev, e havia também a preocupação de que a pressão demasiada sobre o campesinato pudesse precipitar revoltas.

Depois de mais ou menos um ano, as manobras de Stálin fizeram com que Zinóviev e Kámenev, os outros dois membros do triunvirato anti-Trótski, formassem uma nova oposição que, tarde demais para qualquer política de verdadeiro impacto, uniu forças com a oposição de Trótski. À medida que a dança das facções se tornava cada vez mais complicada, ficava mais difícil ver com quais políticas públicas as várias facções se identificavam. Trótski era, em geral, um maximalista ("esquerdista"), que defendia o plano mais ambicioso e mais rápido de desenvolvimento econômico. Bukhárin, um radical nas questões sociais no início dos anos 1920, mudara e tornara-se um "direitista". Stálin às vezes parecia um direitista e às vezes um esquerdista, lembrando a piada da época de que "a linha do partido nunca se desvia", acompanhada de gestos com as mãos que mostravam que ela virava primeiro para a esquerda, depois para a direita.

Junto com o culto a Lênin, um novo culto pernicioso estava se estabelecendo — o do partido e da correção de sua "linha". "O partido está sempre certo" tornara-se o mantra, e não demorou para que velhos bolcheviques respeitados fossem forçados a pedir abjetas desculpas por suas opiniões oposicionistas na frente de delegados zombeteiros e assobios nos congressos anuais do partido. Krúpskaia, que entrou para a oposição de Zinóviev em 1925, foi a rara exceção que resistiu às provocações e se recusou a pedir desculpas, até mesmo zombando — como só a viúva de Lênin poderia ousar fazer — da ideia de que o partido não podia errar.

Talvez tenha sido surpreendente que Stálin, parte do 1% de membros do partido que eram georgianos, em comparação com os 72% que eram russos, tivesse conquistado o prêmio da liderança no final da década de 1920. Embora falasse russo com sotaque, ele se identificava cada vez mais como russo. Uma grande vantagem, sem dúvida, era que seus dois principais concorrentes — Trótski e Zinóviev — eram judeus e, como o próprio Trótski reconheceu, um líder judeu era uma ponte longe demais para a população geral do país e talvez também para a base do partido. Se Bukhárin, um russo genuíno, tivesse sido um político melhor, ele poderia ter tido uma chance contra Stálin, mas quando ele se mexeu, já era tarde demais. A questão judaica não foi explorada por Stálin de forma aberta, mas muito provavelmente influiu no debate partidário sobre o seu "socialismo em um só país", no qual Trótski foi encurralado como internacionalista. É claro que o internacionalismo era uma política central do partido leninista. Mas a palavra também estava assumindo conotações como marca do judaísmo.

Os bolcheviques não eram avessos a usar o terror contra os inimigos de classe, e o fizeram livremente durante a guerra civil antes de recuar um pouco durante a NEP. Mas eles sempre manifestaram forte desaprovação à permissão de que "a revolução coma seus próprios filhos" (ou seja, usasse o terror como arma contra os oponentes do partido), como na Revolução Francesa. Sob Lênin, os derrotados em conflitos políticos não eram forçados a sair do partido e, de comum acordo, a

Tcheka e sua sucessora, a GPU, deixavam os líderes partidários em paz. Isso mudou no final de 1927, quando os principais oposicionistas foram expulsos do partido e aqueles que se recusaram a romper com a oposição foram enviados para o exílio interno pela GPU. O destino de Trótski foi Alma-Ata, na fronteira chinesa do Cazaquistão, embora por um estranho descuido tenha sido autorizado a levar todos os seus livros e papéis (que posteriormente acabaram na Biblioteca Widener de Harvard) e manter uma extensa correspondência com seus seguidores exilados nas diversas partes do país. Dois anos depois (fevereiro de 1929), numa extraordinária ruptura com a tradição do partido, ele foi deportado da União Soviética — seu país de nascimento — acusado de traidor da revolução. Onze anos mais tarde, seria assassinado no México por ordem de Stálin.

Praça Dzerjínski (antes Lubianka), em Moscou, com uma estátua de Félix Dzerjínski, obra de Evguiêni Vutchétitch, erguida em 1958. A sede da polícia secreta aparece parcialmente à dir.

O arrogante Trótski sempre desprezou Stálin e demorou a vê-lo como uma ameaça política real. Stálin não era um orador, nem um teórico (duas áreas muito valorizadas no partido, nas quais Trótski se destacava), e tendo sido educado num seminário ortodoxo na Geórgia antes de abandoná-lo para se tornar um revolucionário profissional, não era sequer um intelectual aos olhos de Trótski. Não era um cosmopolita: em vez de ter passado anos na emigração, seu aprendizado revolucionário fora feito na prisão e no exílio interno. Não havia grandes realizações em sua biografia, como presidir o Soviete de Petersburgo em 1905 ou criar o Exército Vermelho do nada durante a guerra civil. O desprezo de Lênin no "Testamento" havia sido um revés político substancial. Ele era um "borrão cinza" (para citar o memorialista Nikolai Sukhánov); uma mera "criatura da burocracia", como Trótski mais tarde alegaria; um "homem rude", como ele mesmo admitiu ao se desculpar por sua grosseria com Krúpskaia durante a doença de Lênin. Trótski mal se preocupava em ser polido com ele, ainda menos com aqueles que o apoiavam, um grupo que desde meados da década de 1920 incluía vários membros do Politburo, notadamente Mólotov, o ex-membro da Cavalaria Vermelha Klim Vorochílov, e Kaganóvitch, um membro suplente do Politburo que era primeiro-secretário do partido na Ucrânia.

O desprezo de Trótski — reproduzido em geral por historiadores, até a abertura dos arquivos soviéticos na década de 1990 — estava lamentavelmente errado. Stálin não era medíocre, não era estúpido e não era pau-mandado de ninguém. Se outros desempenharam um papel mais estelar nos debates políticos da década de 1920, foi Stálin quem chegou a uma conclusão simples sobre o caminho a seguir. Lênin levara o partido à vitória na revolução política de outubro, mas a revolução econômica — crucial em termos marxistas — ainda estava por vir. Stálin seria o homem para liderá-la.

3.
Stalinismo

Se a União Soviética ainda precisava de uma segunda revolução, dessa vez econômica, como ela deveria ser realizada? Obviamente não por pessoas que saíssem espontaneamente às ruas, como em 1917. Era uma revolução que precisava ser planejada (afinal, seu objetivo era concretizar a ideia de planejamento econômico centralizado) e dirigida de Moscou. Os historiadores costumam chamar isso de "revolução de cima", enfatizando o aspecto "de cima". O que é bastante exato, desde que a parte da "revolução" não seja negligenciada. O lado extraordinário do programa de transformação econômica de Stálin é que ele foi, de fato, executado por meios quase revolucionários: de forma a alcançar seus objetivos, mobilizou o partido e seus apoiadores para exercer violência contra outras partes da população.

Pode parecer estranho apresentar um programa de industrialização planejada e patrocinada pelo Estado como se fosse uma guerra revolucionária contra "inimigos de classe" e "intervencionistas estrangeiros". Mas Stálin era, afinal, um revolucionário: a violência e a incitação de ressentimentos de classe eram coisas que ele sabia fazer. O Partido também sabia como fazê-los. Em termos de racionalidade econômica, o método era muito ineficiente, mas, dada a mentalidade militante do partido e sua formação de guerra civil, tinha uma racionalidade política própria.

A estátua icônica de Vera Múkhina, *O operário e a mulher da fazenda coletiva*, foi exibida pela primeira vez no pavilhão soviético da Exposição Internacional de Paris, em 1937.

A "Grande Ruptura" de 1929-32, como o próprio Stálin a chamou, teve três aspectos. O primeiro foi a industrialização em ritmo forçado, realizada de acordo com um Plano Quinquenal elaborado pela agência estatal de planejamento; o segundo foi a coletivização agrícola; e o terceiro foi a "revolução cultural", um termo que os soviéticos inventaram muito antes de sua repetição na década de 1960 pelos comunistas chineses. A violência em torno dos três novos aspectos do programa serviu para intimidar a população não comunista e submetê-la. Mas seu objetivo era também mobilizar as próprias tropas de Stálin — comunistas, jovens comunistas, trabalhadores urbanos "conscientes" — e deixá-las fazer o que naquele momento ainda queriam fazer, que era brigar com pessoas que consideravam seus inimigos.

Como é comum em momentos de crise interna, uma suposta ameaça externa foi invocada como estímulo à ação.

Embora não houvesse nenhuma prova concreta de que as potências capitalistas ocidentais (reconhecidamente hostis) estivessem preparando qualquer operação militar imediata contra a União Soviética, a imprensa soviética vinha alimentando havia meses o medo da guerra. A revolução cultural — definida como um movimento para derrubar o "domínio burguês" na esfera cultural — combinava com isso, uma vez que foi lançada no início de 1928 com julgamentos de fachada de engenheiros ("especialistas burgueses") sob acusações de sabotagem industrial e espionagem para agências de inteligência estrangeiras. Isso deu início a uma caça às bruxas nas fábricas contra os engenheiros "sabotadores", cuja posição social privilegiada não agradava aos operários.

No centro da agenda econômica da revolução de Stálin estava a industrialização, não a coletivização agrícola. A coletivização era, na verdade, um objetivo secundário que, tendo em vista a previsível resistência camponesa, poderia prudentemente ter sido deixada para uma data posterior. Mas foram os imperativos da guerra de classes, não a prudência, que ganharam a discussão no Partido Comunista soviético em 1928. Não pela primeira vez, os camponeses e o governo soviético estavam envolvidos numa disputa sobre os preços dos produtos agrícolas. O Estado poderia ter aumentado seus preços de aquisição, mas a sabedoria convencional dos economistas sustentava que a única maneira de financiar a industrialização era "espremer" o campesinato. Em uma breve e rara incursão fora da capital, Stálin foi à Sibéria examinar a situação pessoalmente. Voltou com a notícia de que os cúlaques estavam retendo os grãos do mercado, tentando aumentar os preços, e que isso equivalia a uma sabotagem política. Estabeleceram-se novas punições para a "acumulação"; seguiu-se mais resistência camponesa. O programa de coletivização total lançado no inverno de 1929 pretendia resolver o problema de uma vez por todas, tornando as fazendas coletivas recém-criadas o único comerciante legal de grãos e o Estado seu único cliente. O problema dos cúlaques também seria resolvido definitivamente com sua expulsão das aldeias.

Enquanto isso, nas cidades, outro inimigo de classe estava sitiado por uma campanha para desprivatizar a economia urbana. Com a ajuda da GPU, *nepmen* e pequenos comerciantes e fabricantes foram postos para fora de seus negócios (e muitas vezes para dentro da prisão também). Foi outra política precipitada e mal pensada que exigiu que o Estado montasse às pressas sua própria rede de varejo, quase sem planejamento prévio. O resultado foi escassez, racionamento (outra medida que transmitia um sentimento de crise de tempos de guerra à população) e seu corolário, o rápido crescimento do mercado clandestino.

Coletivização e revolução cultural

A coletivização deveria ser um processo voluntário. Mas nas aldeias havia poucos sinais de qualquer desejo espontâneo de coletivização, e a coerção foi incorporada ao programa por meio de um processo paralelo chamado "desculaquização", que fez com que as terras e moradias de pessoas rotuladas de cúlaques fossem tomadas e os próprios cúlaques fossem deportados pela GPU e reassentados em partes distantes da União Soviética. O slogan era "liquidação dos cúlaques como classe", mas como poucos daqueles que exploravam o trabalho de camponeses pobres ainda permaneciam nas aldeias (devido, em parte, aos esforços para coibir tais práticas na década de 1920), qualquer figura impopular na aldeia poderia ser assim rotulada e punida. Brigadas de comunistas e voluntários urbanos foram enviadas às aldeias para organizar a coletivização, o que significava essencialmente persuadir os camponeses a se inscreverem no *kolkhoz* (fazenda coletiva) sob a ameaça implícita de serem expulsos da aldeia como cúlaques se não o fizessem. Ao se inscrever, os camponeses eram obrigados a entregar seus cavalos para arar os campos coletivos que agora seriam consolidados fora das tradicionais faixas de domicílios individuais; às vezes, os responsáveis pela coletivização levavam também outros animais.

Apesar de todo o entusiasmo contemporâneo pelo planejamento, a coletivização foi lançada virtualmente sem preparo; o processo foi em grande parte criado às pressas. Não foram dadas instruções claras aos agentes do coletivismo, nem aos camponeses, e as instalações necessárias, como estábulos coletivos, não foram providenciadas. Quando as coisas deram errado, Stálin culpou as autoridades locais fanáticas. A propaganda soviética representava a coletivização como uma mudança da agricultura de pequena para grande escala e das antigas técnicas manuais para as modernas mecanizadas. Mas não havia tratores e colheitadeiras suficientes para todos, e os camponeses não sabiam como usá-los. Além disso, apesar de toda a publicidade dada às novas e enormes fazendas coletivas com nomes como "Gigante", foi demasiado difícil, como regra geral, criar unidades agrícolas funcionais maiores do que as aldeias existentes, de modo que fazendas menores foram (silenciosamente) instaladas.

A coletivização foi aplicada em todo o país, mas houve variações regionais. No Cazaquistão, onde a população pastoril ainda era em grande parte nômade, era inevitável que a sedentarização compulsória provocasse resistência em massa e fugas através da fronteira para a China. A Geórgia, com seu foco agrícola em frutas, vinho e culturas técnicas, mais do que em grãos, ganhou uma versão mais branda do que a norma, graças aos esforços protetores de líderes comunistas locais, entre eles Lavriénti Biéria. Em áreas com populações etnicamente mistas, o grupo étnico majoritário tentava às vezes grudar o rótulo de cúlaque num grupo minoritário comparativamente próspero, como os agricultores alemães. Mais tensões étnicas foram criadas pela deportação de cúlaques russos e ucranianos para lugares como o Cazaquistão.

De 5 milhões a 6 milhões de camponeses — cerca de 4% de todas as famílias camponesas — foram vítimas de desculaquização (inclusive aqueles que fugiram para as cidades sob ameaça de expropriação). Dos 2 milhões de deportados para fora de suas próprias regiões, a maioria foi reassentada em áreas rurais não cultivadas e uma minoria substancial foi enviada para trabalhar em novos canteiros de obras industriais. Não houve revoltas em grande escala na Rússia europeia: a extraordinária medida de terror inesperado constituiu um impedimento suficiente para a maioria dos camponeses; a raiva e a resistência passiva, no entanto, foram generalizadas. Os camponeses abatiam seu gado em vez de entregá-lo e escondiam grãos para evitar a entrega de suas cotas de compras. Circularam rumores de que a coletivização era a vinda do Anticristo e que seus agentes estavam prestes a cortar o cabelo das mulheres e instituir o casamento comunal. Numa forma popular de resistência, grupos de mulheres camponesas (com menor probabilidade do que os homens de serem presas) seguiam os agentes da coletivização pela aldeia, chorando e cantando hinos.

Um dos aspectos mais notáveis da coletivização foi a campanha paralela contra os padres e a Igreja no interior da Rússia e da Ucrânia, bem como contra o budismo e o islamismo em outras regiões do país. Isso indica claramente que a violência da "guerra de classes" era parte integrante do processo, uma vez que qualquer pessoa que esperasse seriamente persuadir os camponeses a mudar seus hábitos tradicionais de agricultura e comercialização certamente não melhoraria as coisas perseguindo a igreja ou a mesquita do lugar. Mas foi exatamente isso que brigadas urbanas de jovens do Komsomol fizeram quando vieram para "coletivizar": vandalizaram alegremente igrejas, desenterraram túmulos e dançaram com esqueletos, além de derrubarem os sinos das igrejas para levá--los "como sucata para a industrialização". Enquanto isso, a GPU prendia silenciosamente os padres e os deportava para o interior junto com os "cúlaques". É discutível quão profunda era a fé cristã dos camponeses russos antes desses ataques, mas a perseguição certamente a reforçou. Quanto aos partidários urbanos da coletivização, alguns sentiam pena dos camponeses, mas muitos acreditavam na ameaça dos inimigos de classe no campo, em especial quando camponeses furiosos atiravam neles ou os atacavam furtivamente à noite e os jogavam no rio. Era um batismo de fogo (ainda que sem fogo demais) que se acrescentava às lendas heroicas da guerra civil na mitologia comunista.

Nas cidades e vilas, a revolução cultural variou do carnavalesco ao curricular. Os jovens do Komsomol soviético nunca foram tão longe quanto os guardas vermelhos chineses, que em sua posterior revolução cultural exibiriam vítimas vivas pelas ruas com chapéus de burro, mas os *komsomóltsi* também fizeram suas passeatas em que efígies de padres e *nepmen* foram ridicularizadas e, às vezes, queimadas. Brigadas de "cavalaria ligeira" invadiam repartições do governo, espalhavam arquivos e acusavam os funcionários de serem "burocratas". Na Ásia Central, a retirada dos véus das mulheres tornou-se mais coercitiva e generalizada. Estudantes universitários faziam reuniões para denunciar professores "burgueses", que tinham então de confessar publicamente seus pecados políticos e prometer introduzir textos marxistas em seus programas. As ações mais ofensivas dos revolucionários culturais eram às vezes repreendidas pelos líderes do Partido, mas em geral eram vistas como "excesso" por uma boa causa — a de derrubar a tradição e desalojar a burguesia de sua posição de domínio cultural. O entusiasmo dos jovens comunistas pelo trabalho era inconfundível: como disse um observador contemporâneo, eles estavam ansiosos para serem "soltos".

Um aspecto menos anárquico da revolução cultural foi a campanha de ação afirmativa (para usar um termo anacrônico) em favor dos trabalhadores, camponeses pobres e grupos étnicos "atrasados" que tiveram alta prioridade no final da década de 1920. As mulheres também estavam na lista das ações afirmativas, mas com prioridade muito menor nesse período, que também viu a dissolução do Departamento Feminino do Comitê Central. Ação afirmativa significava tanto a promoção direta para cargos gerenciais quanto a admissão preferencial no ensino superior e técnico, esta última acompanhada, em bom estilo revolucionário cultural (mas não sem angústia por parte das autoridades educacionais), pelo expurgo dos alunos existentes que vinham de famílias burguesas, cúlaques e clericais. A ação afirmativa era algo novo no cenário internacional em 1930; nem sequer havia um termo em língua inglesa para descrevê-la. Os teóricos marxistas talvez desdenhassem do programa, uma vez que os trabalhadores não deviam desejar deixar sua classe, mas as famílias da classe operária, camponesas e não russas apreciaram a oportunidade de progresso. Os futuros líderes nacionais Nikita Khruschóv e Leonid Bréjnev, assim com uma série de líderes filhos nativos das repúblicas, foram beneficiados por essas medidas.

Industrialização

O primeiro Plano Quinquenal foi o esforço inicial do planejamento econômico nacional da União Soviética (e, como reiteraram os propagandistas soviéticos, do mundo) e concentrou-se no desenvolvimento rápido da indústria pesada, particularmente mineração, metalurgia e maquinaria. O plano ambicioso era dobrar o investimento do Estado na indústria nos últimos cinco anos e triplicar a produção em relação ao nível anterior à guerra. O problema de onde encontrar o investimento de capital nunca foi satisfatoriamente resolvido: no curto prazo, a coletivização dos camponeses não se mostrou um método eficaz para se "espremer", pois as despesas foram maiores do que o previsto e os retornos, mais lentos. Um aumento na produção estatal de vodca (necessário, como Stálin escreveu a Mólotov em 1930, para pagar a expansão militar) ajudou a preencher a lacuna, assim como uma queda acentuada e não planejada no padrão de vida nas cidades.

Sem ter muito capital para enfrentar o problema, o Estado soviético apelou para a mão de obra barata. O ingresso das mulheres pela primeira vez no mercado de trabalho — foco principal da emancipação feminina nesse período — foi uma fonte importante, com quase 10 milhões de mulheres entrando em empregos remunerados ao longo da década de 1930; os desempregados urbanos constituíam outra reserva. Mas a principal fonte de trabalho explorada foi o campesinato, sendo a deportação de cúlaques um dos fatores mais significativos desse processo, e a GPU, junto com a crescente rede de campos de trabalho do gulag, tornando-se um fornecedor industrial importante. Além disso, milhões de jovens camponeses deixaram as aldeias e foram para as cidades durante a coletivização, alguns fugindo da desculaquização ou do *kolkhoz* e outros simplesmente buscando oportunidades agora que havia empregos nas cidades. Nos anos do primeiro Plano Quinquenal, um camponês deixou a aldeia e tornou-se assalariado para cada três que ficaram e se tornaram *kolkhozniks*. Doze milhões mudaram-se permanentemente das aldeias para a cidade apenas no período de 1928 a 1932.

Ninguém teve a ousadia de apontar isso, mas a coletivização estava tendo a mesma função na União Soviética que o movimento de cercamento nos séculos XVIII e XIX na

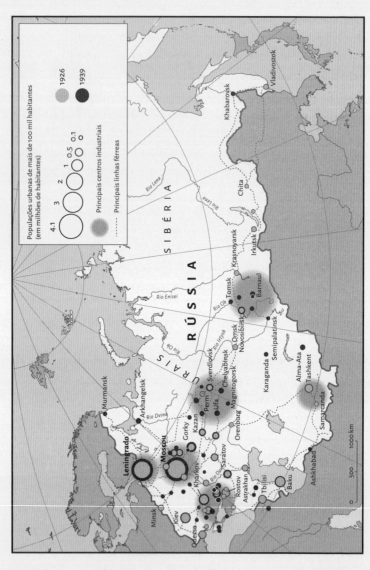

Locais de construções industriais do primeiro Plano Quinquenal (1928-32).

Multiculturalismo na década de 1930: o georgianoIóssif Stálin e o russo Klim Vorochílov com capas típicas da Ásia Central, presenteadas por fazendeiros coletivos premiados do Turcomenistão e do Tadjiquistão, em 1936. Sergo Ordjonikidze (à dir.) está de jaqueta militar.

Inglaterra havia tido, ao expulsar impiedosamente os agricultores da terra, fornecendo assim a força de trabalho para a Revolução Industrial, como Marx havia observado. Não está claro até que ponto esse resultado foi previsto e fazia parte da estratégia de coletivização do regime. De qualquer modo, Stálin não dizia. Em um discurso incrivelmente mendaz que comemorava o sucesso da coletivização na abolição da pobreza rural, ele afirmou — num ano em que a população urbana soviética aumentou em 4 milhões — que, por causa das atrações do *kolkhoz*, a tradicional "fuga camponesa" da aldeia para a cidade se tornara coisa do passado.

Ao elaborar o primeiro Plano Quinquenal e seus sucessores, as grandes discussões foram sobre quais novas usinas, ferrovias e hidrelétricas o Estado deveria construir e onde. Isso tinha alguma semelhança não reconhecida com a política clientelista do Ocidente. Um dos debates mais acalorados e de longa duração foi sobre focar o desenvolvimento na Ucrânia, que tinha infraestrutura mais moderna, mas estava desconfortavelmente próxima à fronteira ocidental, ou na região dos Urais, menos moderna em sua base industrial, mas geograficamente mais segura. Uma suposição de longa data entre os planejadores e políticos soviéticos era que as regiões industrialmente menos desenvolvidas do país, como a Sibéria, a Ásia Central e o Cáucaso, deveriam ter prioridade. Mas havia imperativos concorrentes, inclusive de segurança: como o aumento da capacidade de defesa do país era um dos principais objetivos do primeiro Plano Quinquenal, Stálin estava inclinado a favorecer o coração russo/ucraniano em detrimento de regiões não eslavas para a implantação de fábricas relacionadas com a defesa. Mas essas escolhas cabiam ao Politburo, não a Stálin sozinho, e o processo de decisão envolveu um lobby pesado e contínuo das repúblicas e regiões para seus projetos preferidos. Esse lobby — e, de forma mais geral, a representação de interesses regionais em Moscou — tornou-se uma tarefa fundamental dos primeiros secretários das repúblicas e regiões. Vários membros do Politburo também tinham seus próprios territórios para defender na hora do orçamento, ninguém mais (ou com mais sucesso) do que o comissário do povo para a indústria pesada, o colega georgiano de Stálin, Sergo Ordjonikidze.

Magnitogorsk, o grande complexo metalúrgico edificado nos Urais, no meio do nada, foi o projeto de construção por excelência do primeiro Plano Quinquenal, incorporando muitas de suas contradições. Fortemente dependente do trabalho de condenados e cúlaques deportados sob a guarda da GPU, com engenheiros "sabotadores" removidos de regiões mais salubres trabalhando ao lado de comunistas recém-treinados, Magnitogorsk era também uma meca para jovens voluntários do Komsomol, entusiasmados com o sentimento de lutar contra as adversidades para "conquistar a natureza" e construir a indústria soviética na estepe vazia. Era uma cidade de fronteira clássica, cheia de dificuldades, mas também de bastante aventura e camaradagem, um lugar onde as origens das pessoas muitas vezes podiam ser esquecidas, e o filho de um antigo cúlaque podia se tornar um operário *stakhanovista* (super-realizador) e depois entrar para o Komsomol. O "novo homem soviético" estava sendo forjado ali, ainda que não exatamente na forma prevista no projeto.

Uma clara cultura da jactância surgiu na imprensa soviética, que todos os dias proclamava as "conquistas" do país (palavra-chave da década de 1930) na construção do socialismo: tantas toneladas de minério de ferro extraídas, tantos altos-fornos postos em operação, tantos quilômetros de linha férrea colocados, tantos quilowatts-hora de eletricidade produzidos pelas

Vida feliz na fazenda coletiva (1931), tal como retratada em cartaz de F. F. Kondrátov para o espetáculo *Linho*, encenado no Teatro da Juventude Operária de Moscou.

novas usinas hidrelétricas. Não havia "fortalezas que os bolcheviques não pudessem invadir", disse Stálin, usando uma das metáforas militares que se tornaram onipresentes. Mas muitas "emboscadas" e "retiradas táticas" ocorreram ao longo do caminho. Naquele momento, o planejamento soviético significava decidir prioridades entre projetos concorrentes, estabelecer metas de produção e instar as empresas a "excedê-las" — sem planejar em detalhes onde determinada fábrica de tratores obteria a borracha para seus pneus. Em consequência, as indústrias tinham um exército informal de "agentes" pagos pelo caixa dois dos diretores da fábrica para achar os suprimentos necessários e garantir que fossem despachados em sua direção.

Com a escassez de alimentos e bens de consumo ainda mais crítica do que a de matérias-primas industriais, os cidadãos soviéticos aperfeiçoaram habilidades semelhantes da melhor maneira possível. "É preferível ter cem amigos do que cem rublos", dizia um ditado soviético; o acesso a bens por meio de "conexões" era a chave, enquanto ter dinheiro para pagá-los era secundário. Isso se aplicava tanto ao trabalhador de uma fábrica de sapatos que podia entregar um par de galochas a um amigo do *kolkhoz* em troca de batatas quanto a um secretário distrital do partido ou a um acadêmico. "A quem você vai?", perguntou a esposa do chefe de polícia Nikolai Ejov à esposa do poeta Óssip Mandelstam quando elas se encontraram em um resort de elite. Ela queria dizer: "Quem é seu padrinho?". A princípio, a nobre Nadiéjda não entendeu a pergunta, mas seu marido compreendeu e respondeu: "Nós vamos a Nikolai Bukhárin".

Resultados

Os primeiros dois Planos Quinquenais produziram avanços industriais, embora a um custo tremendo e com enorme desperdício. Os números soviéticos alegavam uma duplicação da produção industrial bruta entre 1928 e 1932 e mais uma duplicação no período do Plano Quinquenal seguinte, com uma taxa média de crescimento anual de quase 17% para o período 1928-40. Analistas ocidentais (e economistas soviéticos revisionistas da década de 1980) colocaram essa taxa de crescimento anual perto de 10%, mas, mesmo assim, era bastante impressionante. Alguns índices de produção, como petróleo, carvão, caminhões e tratores, já apresentavam altas acentuadas ao fim do primeiro Plano Quinquenal. Mas grande parte do esforço do primeiro plano foi para a criação de fábricas que produzissem recursos como ferro-gusa e aço laminado, as quais não funcionaram até meados da década de 1930. O único item de consumo cuja produção aumentou foi a vodca, que em meados da década de 1930 fornecia até um quinto das receitas totais do Estado.

Durante o primeiro Plano Quinquenal, alcançou-se praticamente o pleno emprego, tendo o desemprego desaparecido do repertório soviético de problemas sociais nos sessenta anos seguintes. Mas o desvio de fundos para a indústria pesada significou que os programas de bem-estar social foram cronicamente subfinanciados, em geral disponíveis apenas para assalariados urbanos e, na prática, muitas vezes restritos a grupos privilegiados, como trabalhadores em indústrias fundamentais.

Em termos de distribuição geográfica da produção industrial, os Urais, a Sibéria e a Ásia Central aumentaram substancialmente sua participação (embora, no caso da Ásia Central, a partir de uma base muito baixa). A União Soviética ainda estava bem atrás de seus concorrentes capitalistas ocidentais, mas havia se igualado ao Japão. É possível, como alguns economistas argumentaram, que resultados semelhantes pudessem ter sido alcançados com menos desperdício por meio de políticas mais moderadas — mas talvez apenas em um país cuja cultura política abraçasse a moderação.

O grande fracasso foi a coletivização, que atrasou a agricultura soviética por décadas, alienou o campesinato e tornou endêmica a escassez de alimentos nas cidades. Após a morte de Stálin, os políticos soviéticos diriam que a culpa disso não era da coletivização em si, mas de seus "excessos". Porém, os excessos faziam parte do pacote. A curto prazo, as altas metas de compras impostas às fazendas coletivas atingiram com mais força as principais regiões produtoras de grãos do país. O atual governo ucraniano alega que essa fome, conhecida na Ucrânia como "Holodomor", foi consequência de um plano consciente de Stálin para matar ucranianos; no entanto, os resultados foram igualmente devastadores no Sul da Rússia e no Cazaquistão. Parece improvável que Stálin realmente quisesse matar camponeses; em vez disso, ele queria que o Estado tirasse a maior quantidade possível de grãos das aldeias que permitisse a sobrevivência de seus produtores camponeses até a semeadura da primavera. O problema era que ninguém sabia qual era essa quantia, e Stálin com certeza pressionou as autoridades locais a buscar o máximo e se recusou a ouvir quando disseram que os camponeses não tinham mais reservas ocultas. Uma retórica bizarra sobre os camponeses "encenarem a fome" e "fingirem estar arruinados" entrou no discurso soviético, e quando Stálin finalmente se convenceu de que eles não estavam fingindo, mas na verdade morrendo, já era tarde demais. A entrada nas cidades teve que ser bloqueada para os camponeses que fugiam da fome no inverno de 1932-3; na primavera, os grãos tiveram de ser enviados das reservas estatais para a semeadura. As mortes por fome (não admitidas pelos soviéticos até décadas depois) foram calculadas em mais de 5 milhões. A fome deixou cicatrizes profundas, mas permaneceu desconhecida publicamente por meio século até que, durante a perestroika, o secretário do partido ucraniano Volodimir Scherbítski quebrou o silêncio no septuagésimo aniversário da fundação da república soviética ucraniana.

"Congresso dos Vitoriosos"

Ao contrário do costume, que ditava que os congressos nacionais anuais do partido fossem realizados para discutir políticas importantes e eleger o Comitê Central e o Politburo, nenhum deles ocorreu entre 1930 e 1934. Em 1930, o XVI Congresso do Partido viu a derrota relativamente fácil de uma facção de "direita" do partido liderada por Bukhárin e Aleksei Ríkov, sucessor de Lênin na chefia do governo, que defendia uma abordagem mais moderada da coletivização e da industrialização. Essa foi a última facção aberta no partido, significando a implementação, adiada havia muito tempo, da proibição de facções feita por Lênin, em 1921. Qualquer organização facciosa subsequente teve de ser de pequena escala e conspiratória, e foi rapidamente cortada pela raiz. Um crescente culto a Stálin surgiu na mesma época, atribuindo à sua pessoa todas as iniciativas do governo e lhe agradecendo profusamente por tudo, desde uma infância feliz até uma produção local excessiva do plano do algodão. Como Lênin, embora talvez com menos sinceridade, Stálin descartou publicamente o culto, atribuindo-o à simplicidade das massas, acostumadas a ter um tsar, e se apresentava aos entrevistadores estrangeiros como um homem modesto e despretensioso.

O XVII Congresso do Partido (1934), que representava agora um partido cujo número de membros se aproximava dos 2 milhões, apresentou-se como "o Congresso dos Vitoriosos". Mas foi uma vitória duramente conquistada, se é que assim podia ser chamada quando a epidemia de fome mal havia acabado, e deve ter havido muitos indivíduos na elite do partido que culparam Stálin em particular pelos problemas agrícolas que se seguiram à coletivização. Sempre desconfiado, o temperamento de Stálin azedara com o suicídio de sua esposa no final de 1932. Homenagens onipresentes ao "grande líder e mestre" não o convenceriam de que todos o amavam. De sua perspectiva, tinha de haver descontentamento em algum lugar; a questão era exatamente onde, para que pudesse ser encontrado e extirpado. As ferramentas para fazer isso existiam, pois os poderes e a jurisdição dos órgãos de segurança (rebatizados de NKVD em 1934) haviam sido muito ampliados pelas campanhas contra cúlaques e *nepmen* e o crescimento do gulag.

Agora que a "guerra" havia sido vencida, Stálin e a liderança do partido promoveram energicamente a ideia de um retorno à normalidade. Claro, era um novo normal, com aldeias coletivizadas, chaminés de indústrias espalhando-se por todo o país, cidades surgindo do nada, uma força de trabalho urbana cheia de ex-camponeses, um aumento da presença policial e possibilidade iminente de mais terror ainda. O novo slogan de

Stálin à vontade ao lado de companheiros próximos: Viatcheslav Mólotov e Valerian Kúibichev (segundo e terceiro, da esq. para a dir.); Sergo Ordjonikidze e provavelmente um borrado Serguei Kírov na frente; Dmítrov e Stálin no sofá; Klim Vorochílov (na extrema dir.) atrás de Stálin, em 1934.

Stálin — "A vida se tornou melhor, camaradas; a vida se tornou mais alegre" — pode ter substituído o fato pelo desejo, mas ao menos oferecia uma declaração encorajadora de intenções. O racionamento fora suspenso e havia mercadorias — por um preço — em novas lojas estatais "comerciais". As famílias camponesas foram autorizadas a cultivar outra coisa que não grãos em seus terrenos privados e a possuir uma vaca (mas não um cavalo). Árvores de Natal, anteriormente condenadas como relíquia burguesa, foram autorizadas a voltar; anéis de casamento reapareceram à venda. Engenheiros presos foram discretamente soltos, e muitos simplesmente retornaram aos seus antigos empregos. Estudantes foram mandados de volta às suas aulas e tiveram de ser bem-educados com seus professores novamente. Os sindicatos foram incentivados a repensar sua função e trocar seu antigo papel de proteger os trabalhadores contra a gerência pelo novo de provedores e distribuidores de benefícios trabalhistas, como férias e casas de repouso; eles poderiam até se tornar diretores de times de futebol.

Na memória de muitas pessoas, a década de 1930 foi um momento maravilhoso e emocionante para se crescer — com a perspectiva de aventura (sair para "conquistar a natureza" e "construir o socialismo" em regiões distantes) e um senso de propósito coletivo que deslocou a vida de cada um da trivialidade. Esse senso de propósito e desdém pela trivialidade deveria ser espelhado na literatura e nas artes — os escritores eram agora rotulados de "engenheiros da alma humana". O "realismo socialista" era o método recomendado: significava a capacidade de ver os contornos do futuro radiante através do presente muitas vezes confuso e caótico, que se traduzia estilisticamente no uso de formas tradicionais facilmente apreciadas por um público de massa e em evitar a peculiaridade de vanguarda. Para os artistas criativos e a intelligentsia em geral, havia vantagens e desvantagens na nova norma pós-cultural-revolucionária. As instruções admonitórias sobre como escrever e pintar eram um ponto negativo, mas no lado positivo havia uma remuneração generosa pelo que se escrevia e pintava, junto de privilégios e status social desconhecidos desde a revolução. A partir de meados da década de 1930, parecia haver mais recompensas do que punições. Stálin emprestara seu prestígio pessoal à elevação da alta cultura e educação, algo que permaneceria característico da União Soviética até o fim.

Havia até sinais de relaxamento político. Uma nova Constituição da União Soviética anunciou, em 1936, que era hora de parar de lutar contra os "inimigos de classe", já que as classes inimigas haviam sido liquidadas e as que permaneciam "não eram antagônicas". Era uma proposição dúbia na teoria marxista, mas de qualquer modo, uma mensagem tranquilizadora. Além disso, a Constituição garantia todas as liberdades básicas, inclusive as de liberdade de expressão e reunião que definitivamente não existiam na União Soviética naquele momento. Stálin dedicou muito tempo e esforço pessoal para redigir esse documento e, a partir de sua proeminência em seu arquivo pessoal, deve-se supor que estava orgulhoso dos resultados.

Muitos viram na Constituição de "Stálin" um estratagema de propaganda cínica para enganar o Ocidente, mas, na verdade, ela era dirigida ao menos com a mesma força para um público *soviético*. Numa nova abordagem para avaliar a opinião pública (ensaiada no ano anterior em relação a um projeto de lei que proibia o aborto, o qual foi amplamente reprovado fora da elite urbana), o projeto de Constituição foi objeto de uma "conversa nacional" muito divulgada, na qual os cidadãos soviéticos foram instados a oferecer suas opiniões sobre as cláusulas do documento, e um grande número deles o fez. De acordo com a nova Constituição, também foi anunciado que vários candidatos poderiam ser indicados nas próximas eleições soviéticas, numa tentativa semelhante à feita em meados da década de 1920 para "revitalizar a democracia soviética". Esse experimento de meados da década de 1920 fracassara porque muitos "inimigos" haviam sido indicados. Restava saber se a repetição teria o mesmo destino.

Simultânea ao relaxamento interno, foi criada a Frente Popular no movimento comunista internacional dirigido por Moscou. Durante grande parte da década de 1920, o Comintern gastou suas energias lutando contra os social-democratas europeus, mas a chegada dos nazistas ao poder na Alemanha em 1933 mostrou a loucura disso, e a Frente Popular de 1935 (uma coalizão de partidos comunistas, socialistas e radicais contra o fascismo) foi o resultado tardio dessa percepção.

Na diplomacia, a União Soviética também tomou um rumo mais moderado e conciliador na década de 1930, ingressou na Liga das Nações e restabeleceu relações diplomáticas com os Estados Unidos pela primeira vez desde a revolução. O ministro das Relações Exteriores, Maksim Litvínov, fez o possível para promover uma coalizão antifascista com as democracias ocidentais, embora as suspeitas residuais de ambos os lados tenham dificultado esse trabalho.

Os Grandes Expurgos

Em meados da década de 1930, houve impulsos para o relaxamento em muitas áreas, mas também ocorreram tendências no sentido oposto que aumentaram a tensão política. Uma delas veio da situação internacional. A União Soviética já havia falado em ameaça de guerra antes, mas, com a ascensão da Alemanha nazista na Europa Central, um novo poder fortemente anticomunista e antissoviético, inclinado à expansão para o leste, essa ameaça se tornou real, pondo em risco a ideia de qualquer retorno real à normalidade. Outra foi interna, decorrente do assassinato do membro do Politburo e líder do partido de Leningrado, Serguei Kírov, por um ex-membro descontente do Komsomol, em dezembro de 1934. O assassino foi imediatamente preso, mas, como aconteceu na morte do presidente Kennedy nos Estados Unidos na década de 1960, circulou a especulação de que alguém estava por trás do crime.

No Ocidente, suspeitou-se com frequência que esse alguém era Stálin, e Nikita Khruschóv até insinuou um possível envolvimento, no "Discurso Secreto" de 1956, mas não apareceu nenhuma prova nos arquivos para confirmar. O próprio Stálin apontou o dedo para a oposição derrotada, que resultou na prisão de Zinóviev e Kámenev por suspeita de conspiração. Por precaução, "inimigos de classe" — os suspeitos habituais na União Soviética — foram deportados em massa de Leningrado para o interior pela polícia secreta. Outros inimigos de classe (bibliotecárias de origem nobre, que Stálin achava que poderiam estar planejando envenenar os líderes do partido) foram encontrados na administração do Kremlin, e seu chefe — o georgiano Avel Enukidze, um velho amigo de Stálin — foi demitido e depois preso.

Enukidze era um daqueles que, como disse Stálin, pensaram erroneamente que, à luz da grande vitória do primeiro Plano Quinquenal, poderiam "agora descansar, tirar uma soneca". O apelo à vigilância foi um pano de fundo cada vez mais intrusivo para as políticas de "retorno à normalidade" de meados da década de 1930. Em junho de 1935, Zinóviev e Kámenev foram julgados pelo assassinato de Kírov, mas o resultado foi inconclusivo; um ano depois, eles foram julgados novamente, com publicidade máxima no primeiro dos chamados julgamentos encenados ou de fachada de Moscou, e condenados à morte por envolvimento no assassinato e em outras tramas terroristas.

Uma das revisões periódicas dos membros do partido estava em andamento e resultou em tantas expulsões por várias

"Sob vigilância", charge de 1937 da era dos Grandes Expurgos, de Iu. Ganf. Os cidadãos foram instados a desmascarar os inimigos ocultos do povo.

negligências, inclusive simpatia pela oposição, que, no início de 1937, em algumas regiões havia mais *ex*-membros do Partido Comunista do que membros efetivos — uma bela ilustração do paradoxo que era a capacidade do regime de Stálin de atrair apoio entusiástico ser igualada somente por sua capacidade de transformar apoiadores em inimigos (reais ou imaginados). Todos esses ex-comunistas deveriam ser registrados em listas negras locais e mantidos sob observação.

Outro paradoxo surgiu quando a tendência "democrática" na política eleitoral de meados da década de 1930 tomou um rumo repressivo. À medida que as tensões políticas cresciam, tornava-se cada vez menos aceitável que os diretórios locais do partido permitissem a indicação de candidatos "dúbios". Sem anúncio formal, as eleições soviéticas realizadas no final de 1937 seguiram os antigos procedimentos de candidato único.

Uma experiência de democracia paralela no partido acabou sendo, provavelmente ao contrário da intenção original, quase puramente intimidatória quando foi implementada na primavera de 1937. Era uma ocasião inoportuna para isso, pois vinha logo após o segundo julgamento encenado de antigos oposicionistas em Moscou e do apelo da plenária do Comitê Central de fevereiro-março para ficar vigilante contra inimigos, inclusive aqueles com posições partidárias de comando. Com todos os dirigentes partidários concorrendo à reeleição e nenhuma lista de candidatos aprovados sendo fornecida pelos diretórios do partido, as reuniões pré-eleitorais obrigatórias tornaram-se locais de denúncias crescentes e tensão quase insuportável, pois ninguém sabia quem era seguro indicar. Numa fábrica da Rússia provincial, oitocentos membros da organização do partido na fábrica compareceram a reuniões *todas as noites por mais de um mês* até que conseguissem criar um novo comitê do partido.

O processo de terror que chamamos de "Grandes Expurgos", muitas vezes referido indiretamente pelos cidadãos soviéticos como "1937", foi inequivocamente iniciado no começo daquele ano, na plenária do Comitê Central, que levantou o espectro de sabotagem da indústria por seus líderes comunistas, e de corrupção e traição por parte de secretários dos partidos das repúblicas e regiões. Stálin foi, sem dúvida, o iniciador desse novo terror, embora tenha feito Mólotov apresentar o relatório de abertura da plenária. O segundo julgamento encenado de Moscou, realizado no mês anterior com uma onda de publicidade nacional, proporcionou um pano de fundo dramático. Os réus, entre eles o vice de Ordjonikidze no Comissariado do Povo da Indústria Pesada, foram acusados de sabotagem, terrorismo, espionagem e traição, e todos confessaram antes de serem sentenciados à morte e imediatamente executados. "Fuzilem as bestas!" foi o grito tão citado do promotor Andrei Vichínski e repetido em reuniões de indignação em todo o país.

Ordjonikidze lutou árdua, mas inutilmente, nos últimos meses de 1936, para tirar seu vice da lista de réus do próximo julgamento encenado, e depois suicidou-se para não ver a destruição do grupo de industrialistas soviéticos que ele havia criado. Os líderes industriais, muitas vezes acusados de "sabotagem" e responsabilizados por acidentes industriais, estavam entre os primeiros na linha de fogo, ao lado de secretários do Partido das repúblicas e regiões (muitos dos quais também eram membros do Comitê Central), que foram acusados de métodos ditatoriais, abuso de poder em suas repúblicas e regiões e nepotismo. Em outras palavras, foram acusados de fazer seu trabalho de acordo com as descrições implícitas do trabalho que foi desenvolvido na década de 1930. Onde esses líderes eram nativos das repúblicas que lideravam, como foi o caso de Ucrânia, Uzbequistão, Armênia, Geórgia e República Autônoma da Tartária, eles também foram acusados de "nacionalismo burguês". Suas extensas redes de clientelismo permitiram que o processo se tornasse uma bola de neve, derrubando lideranças republicanas e regionais inteiras. No Turcomenistão, a carnificina foi tão grande que o partido local ficou meses sem um Comitê Central.

O expurgo chegou ao Exército em junho de 1937, quando o marechal Mikhail Tukhatchévski e praticamente todo o alto-comando militar (exceto o membro do Politburo Klim Vorochílov) foram condenados numa corte marcial fechada por conspiração com os alemães e sumariamente executados. Os oficiais ("Judas que foram comprados pelos fascistas") foram derrubados sem levantar um dedo para se salvar, muito menos tentar livrar-se de Stálin — um dos vários exemplos na história soviética do cão do Exército que não ladrou.

As prisões de membros da elite continuaram por todo o ano de 1937, alimentadas por um fluxo constante de denúncias oportunistas às autoridades contra chefes, colegas de trabalho e vizinhos. Até mesmo os membros do Politburo não estavam isentos do medo de uma batida à porta à meia-noite (embora a maioria tenha sobrevivido), e, numa suspensão das regras normais do jogo, eles não conseguiam salvar protegidos ou familiares da prisão. Membros proeminentes da intelligentsia foram vítimas do expurgo, muitas vezes na esteira da desgraça de um padrinho político. Vagabundos, sectários religiosos e criminosos habituais foram apanhados no interesse da ordem pública. Grupos étnicos, como poloneses, finlandeses e alemães, que poderiam ser suspeitos de lealdade a uma potência externa, foram alvos de perseguição, e aqueles que moravam perto da fronteira foram deportados em massa para áreas distantes da União Soviética.

Como o terror mostrou sinais de enfraquecimento em 1938, montou-se um terceiro julgamento encenado em Moscou com Bukhárin e o ex-chefe da GPU, Guenrikh Iagoda. Como antes, todos os réus confessaram publicamente, ato interpretado pelo ex-comunista Arthur Koestler em seu romance *O zero e o infinito* como um último serviço prestado ao partido por esses dedicados bolcheviques. Talvez, mas também foi a última chance deles de expressão pública, e parece que os dois homens tentaram combinar a confissão exigida com uma contranarrativa implícita que a contradizia. ("Se eu fosse um espião", disse Iagoda, "dezenas de países poderiam ter fechado seus serviços de inteligência.")

Como as caças às bruxas medievais, os Grandes Expurgos adquiriram um impulso próprio mortal numa população já condicionada à violência e à suspeita. Acabar com eles por decreto do topo seria provavelmente uma empreitada muito mais complicada do que tinha sido iniciá-los. Stálin fez isso aos poucos, deixando o expurgo passar por 1938 antes de simbolicamente encerrá-lo ao chamar Lavriénti Biéria para chefiar a polícia e expurgar os expurgadores — a própria polícia secreta e seu ex-chefe, Nikolai Ejov. Em outro episódio de "cão que não ladrou", a polícia secreta não ofereceu resistência à sua própria destruição. Ejov, visivelmente desprestigiado desde abril de 1938, sentou-se passivamente por mais de seis meses, bebendo sem parar para passar o tempo, até que o machado por fim caiu sobre sua cabeça.

O fato de ter levado o expurgo a uma conclusão tranquila, com sua própria posição intacta e sua reputação no país aparentemente aumentada, deve ser posto na conta do talento político de Stálin, mas qual havia sido o sentido de tudo aquilo? Mólotov, entrevistado mais tarde, disse que era necessário eliminar uma potencial quinta-coluna na próxima guerra. Quaisquer que fossem as justificativas — eliminação de possíveis quintas-colunas, captura de espiões estrangeiros, limpeza de peso morto na administração e abertura para promoções da nova geração formada no início da década de 1930 —, elas parecem inadequadas para explicar a destruição do comando do Exército, do Comitê Central do Partido e do governo e da alta liderança industrial. Mas talvez, seguindo a analogia revolucionária francesa preferida dos bolcheviques, as revoluções tenham uma lógica interna que as predispõe a comer seus próprios filhos enquanto elas mesmas expiram. Há também uma lógica de que o terror — como na revolução e depois na coletivização — gera mais terror. Em 1934, Stálin advertiu seus colegas de liderança que destruir as "classes inimigas" — capitalistas, cúlaques e o resto — não acabava com o problema de segurança da União Soviética, uma vez que membros individuais dessas antigas classes sobreviveram, não só magoados, mas agora também mascarados e invisíveis para o Estado vigilante. Sem dúvida, havia muitas dessas pessoas escondendo uma queixa, no Partido e na população em geral, e a abordagem dispersa dos Grandes Expurgos poderia ser vista como um meio de neutralizar esses inimigos invisíveis. Mas executar

700 mil "contrarrevolucionários" e enviar mais de 1 milhão para o gulag era uma maneira cara de fazer isso.

Após os Grandes Expurgos, os altos escalões de todas as instituições — partido, governo, forças militares, segurança — passaram a ser em larga escala ocupados por noviços, muitas vezes recém-formados vindos da classe baixa com carteiras do partido tiradas às pressas durante o treinamento. Olhar para os arquivos de 1939 é vislumbrar uma burocracia devastada, cheia de peças faltantes e que tenta desesperadamente encontrar pessoas para preencher as lacunas, pouco funcionais. A memória institucional havia sido perdida; os novos nomeados estavam em dificuldades. Está claro que foi uma situação temporária: dentro de um ano mais ou menos, os cargos foram preenchidos e as pessoas aprenderam a exercê-los. É possível que, no geral, tenham se saído melhor do que seus antecessores, sendo mais jovens e mais instruídos. Mas observe-se a data: 1939. Depois de todos os alarmes falsos dos anos anteriores, a guerra finalmente estava chegando.

4.
A guerra e suas consequências

Em 23 de agosto de 1939, Viatcheslav Mólotov (recém-nomeado ministro das Relações Exteriores) assinou um pacto de não agressão em nome da União Soviética com seu equivalente alemão, Joachim von Ribbentrop. O documento garantia que os dois países não se atacariam, e protocolos secretos reconheciam suas respectivas esferas de interesse na Europa Oriental — ou seja, eles se deram carta branca. O bolchevismo era o inimigo declarado número um da Alemanha nazista, enquanto o fascismo era o da União Soviética. O mundo ocidental ficou chocado com o pacto, e a esquerda internacional mergulhou em confusão e exame de consciência. Mas a população soviética o recebeu com alívio: Stálin havia "ganhado tempo" antes do que parecia uma guerra quase inevitável, e talvez até tivesse conseguido que a União Soviética ficasse fora do combate, deixando a Grã-Bretanha e a França lutarem contra Hitler. O próprio Stálin não achava que havia comprado Hitler para sempre; ele provavelmente esperava por algo como dois anos, já que o Exército soviético e a indústria de defesa, destroçados pelos Grandes Expurgos, ainda não estavam prontos para lutar.

Embora a União Soviética tenha se aproximado do Ocidente na década de 1930, um espesso resíduo de desconfiança permanecia em ambos os lados. O ministro das Relações Exteriores Maksim Litvínov (antecessor de Mólotov) era a favor do alinhamento com as democracias, assim como o embaixador soviético Ivan Máiski em Londres, mas Stálin e Mólotov nunca concordaram totalmente com isso. A seus olhos, as potências ocidentais, inclusive a Alemanha, eram todas "capitalistas", cada uma tão pérfida quanto a outra. A desconfiança soviética em relação à Grã-Bretanha e à França se intensificara em setembro de 1938 com o apaziguamento das potências ocidentais em relação à Alemanha na conferência de Munique (para a qual a União Soviética não fora convidada), que deu luz verde para um avanço alemão sobre os Sudetos da Tchecoslováquia e, de modo mais amplo, a busca por *Lebensraum* no Leste.

A Polônia parecia ser a próxima na lista dos alemães. Ao contrário dos britânicos, os líderes soviéticos não nutriam nenhuma afeição especial pelo país ou seu governo, mas em termos geopolíticos ele era o amortecedor entre a Alemanha e a União Soviética e, portanto, um grande objeto de preocupação. Nos protocolos secretos do pacto, a União Soviética reconhecera implicitamente o direito dos alemães de assumir o controle da Polônia ocidental em troca do direito soviético de fazer o mesmo nas províncias orientais que cedera à Polônia em 1921. As tropas alemãs entraram no Oeste da Polônia em 1º de setembro de 1939; em 3 de setembro, Grã-Bretanha e França declararam-se em guerra com a Alemanha, enquanto a União Soviética permanecia neutra. As tropas soviéticas entraram no Leste da Polônia algumas semanas depois.

Muito se escreveu sobre o pacto de não agressão como um caso de amor entre ditadores, mas o amor não estava muito em evidência: se quisessem enfatizar sua reaproximação pessoal, Hitler e Stálin poderiam ter negociado o pacto eles mesmos, em vez de enviar representantes — e, no caso de Stálin, Mólotov, um homem cujo encontro cara a cara com Hitler o deixou notavelmente pouco impressionado. A intensa linha antinazista da antiga cobertura da Europa feita pela imprensa soviética estava muda, e em vez de uma reformulação energicamente positiva sobre a nova parceira, o silêncio tomou seu lugar. O público soviético recebeu a mensagem de que não se tratava de um caso de amor, mas de uma aliança de conveniência.

A ocupação do Leste da Polônia, seguida rapidamente por sua incorporação à União Soviética e a concessão automática de cidadania soviética a seus residentes, foi a primeira aquisição territorial soviética desde o fim da guerra civil. Os territórios poloneses foram divididos entre as repúblicas soviéticas da Ucrânia e da Bielorrússia, acrescentando 23 milhões de ex--cidadãos poloneses à população. Alguns meses depois, as tropas soviéticas ocuparam os três países bálticos, antigas províncias do Império Russo que haviam sido independentes entre as guerras, bem como partes da Bessarábia, outro antigo território imperial russo que estava sob domínio romeno. O resultado foi a adição de mais quatro pequenas repúblicas à União Soviética: Letônia, Lituânia, Estônia e Moldávia (como o antigo território romeno foi batizado).

Isso parecia ser um amortecedor satisfatório entre a União Soviética e uma Alemanha expansionista e beligerante. Como se viu, no entanto, pouco serviu aos soviéticos. Ao tentar forçar a Finlândia a se alinhar com os países bálticos, os soviéticos encontraram uma resistência inesperadamente firme que resultou numa breve guerra no inverno de 1939-40, na qual o Exército soviético inicialmente teve um desempenho desastroso. No fim, ele prevaleceu, é claro, dada a disparidade de forças, e adquiriu alguns territórios, inclusive a Carélia, mas a guerra deixou a Finlândia independente e a reputação do Exército soviético seriamente prejudicada. Em junho de 1941, os alemães moveram suas tropas até a nova fronteira soviética (os soviéticos ainda não haviam tido tempo para avançar suas defesas para oeste). Esse movimento por si só indicava a possibilidade de um ataque (provavelmente no início do verão, para evitar o problema da lama e da neve), mas Stálin também recebeu um aviso explícito dos britânicos, com base em sua espionagem, bem como de Richard Sorge, o espião dos soviéticos em Tóquio. Não há dúvida que Stálin tinha informações sobre a ameaça de ataque: de acordo com o historiador Richard Overy, pelo menos 84 avisos foram recebidos, inclusive relatos de violações sistemáticas alemãs do espaço aéreo soviético. Mas Stálin, desesperado para evitar qualquer "provocação" que os alemães pudessem usar como desculpa para atacar, recusou-se a aprovar uma resposta militar. Em 22 de junho, a Operação Barbarossa começou com um ataque maciço alemão que destruiu a maior parte da força aérea soviética no solo, avançou as forças da Wehrmacht através da fronteira com uma velocidade assustadora e fez com que as tropas soviéticas e a população recuassem numa retirada e evacuação desordenadas.

A Grande Guerra Patriótica

Em poucos dias, o Exército alemão atravessou o território-tampão recém-adquirido e alcançou as antigas fronteiras soviéticas; dentro de uma semana, estava em Minsk, a capital bielorrussa. Pouco depois, as forças alemãs entraram nos Estados bálticos e estabeleceram regimes de ocupação para substituir os soviéticos recentemente instituídos. Em agosto, Leningrado foi cercada, embora não capturada. Em outubro, o Exército alemão estava nos arredores de Moscou.

Stálin havia apostado e perdido — perdido tudo, ele a princípio parece ter concluído. Na semana após a invasão, retirou-se sozinho para sua datcha nos arredores de Moscou, completamente nervoso e sem atender o telefone, assim como havia feito após as duras críticas de Lênin a ele no "Testamento" de 1924. Sua ausência não era exatamente um segredo de Estado: qualquer ouvinte da Rádio Moscou teria deduzido que algo estava acontecendo quando Mólotov, e não Stálin, entrou no ar para anunciar a invasão. Quando uma delegação do Politburo chegou à datcha, Stálin pensou que eles tinham vindo prendê-lo, ou assim o membro do Politburo, Anastas Mikoian, afirmou mais tarde. "Lênin nos deixou uma grande herança, e nós estragamos tudo", teria dito Stálin a seus colegas. Eles não o prenderam — ninguém nunca admitiu ter tido essa ideia — mas o tiraram de sua depressão e o levaram de volta a Moscou. Em 3 de julho, ele foi ao rádio para convocar a nação, ainda com uma voz não totalmente sob controle. Voltando ao tratamento ortodoxo de sua juventude, dirigiu-se a seus ouvintes como "irmãos e irmãs".

Foi um sinal do que estava por vir: o conflito que veio a ser conhecido na história soviética como a "Grande Guerra Patriótica" era agora interpretado como uma guerra para salvar a *Rússia* dos invasores estrangeiros, e não como uma guerra para salvar o primeiro Estado socialista do mundo. Em um discurso em novembro de 1941, Stálin evocou imagens da Batalha no Gelo de Aleksandr Névski no século XIII contra os Cavaleiros Teutônicos e da resistência do líder militar tsarista Aleksandr Suvórov a Napoleão. A nova ênfase russa, mais tarde equilibrada na propaganda soviética interna pela representação do caráter multinacional das forças armadas soviéticas, passou sem grande resistência das repúblicas não russas (embora houvesse algumas contra-argumentações silenciosas dos ucranianos) e provavelmente ajudou a mobilizar o apoio popular russo para o esforço de guerra. O moral com certeza precisou ser fortalecido nos primeiros meses: com uma invasão aparentemente imbatível e uma retirada soviética caótica, circulavam rumores nas províncias ocidentais de que o regime "judeu bolchevique" estava finalmente prestes a desmoronar. O Exército sofrera altas taxas de deserção e defecção e, nas regiões ocupadas pelos alemães, a maioria das pessoas parecia inicialmente disposta a aceitar a presença deles, uma atitude que se tornou hostil apenas diante dos maus-tratos infligidos pelos ocupantes. Outros, no entanto, tiveram reações diferentes à eclosão da guerra que já era esperada e temida. Alguns intelectuais soviéticos relembraram mais tarde um sentimento semelhante ao alívio: era horrível, mas um tipo de horror mais fácil do que o terror do final da década de 1930, já que agora havia um inimigo real para combater. Nas Forças Armadas, a restauração dos "cem gramas da linha de frente" ajudou a manter o moral e a tradição militar (e revolucionária) dos laços masculinos regados a vodca.

Milagrosamente, Moscou não caiu nas mãos dos alemães em outubro, embora repartições do governo e muitos moradores tenham sido evacuados para o Leste. O próprio Stálin pensou em sair, mas mudou de ideia. Os cidadãos restantes de Moscou estavam servindo como voluntários nas unidades de "defesa popular", e novas tropas regulares chegaram em cima da hora da Sibéria, mas muitos atribuíram o sucesso soviético, acima de tudo, ao "General Inverno" ter atolado tropas e suprimentos de apoio do Exército alemão na neve.

Os alemães haviam lançado um ataque de três pontas, com Moscou como a ponta mais ao norte e uma rota ao sul que os levaria para Baku e seus campos de petróleo. No final de 1942, cerca de 12 milhões de cidadãos soviéticos já haviam sido evacuados para o Leste; o governo estava sendo administrado em grande parte de Kúibichev (hoje Samara), junto ao Volga; e 40% do território da União Soviética — com 45% de sua população e incluindo toda a Ucrânia, Bielorrússia, os Estados bálticos e a Moldávia, grande parte do Sul da Rússia, a Crimeia e parte do Cáucaso — estava sob ocupação alemã. Milhões de soldados soviéticos foram feitos prisioneiros de guerra e outros tantos foram enviados para a Alemanha como trabalhadores forçados.

Ocupação alemã da União Soviética durante
a Segunda Guerra Mundial.

O ponto de virada ocorreu na cidade de Stalingrado, no Volga, em janeiro de 1943. Após semanas de combate corpo a corpo nas ruas da cidade, o Exército soviético conseguiu derrotar as tropas alemãs do general Friedrich Paulus e aprisioná-las, junto com seu comandante. Foi o início de uma longa e teimosa retirada alemã para o Oeste, que durou mais de um ano. Desde 1941, a União Soviética estava em aliança com a Grã-Bretanha e os Estados Unidos (a França fora rapidamente derrotada e ocupada pelos alemães em 1940), mas nenhuma segunda frente foi aberta no Oeste para aliviar a pressão sobre a União Soviética, apesar dos ardentes apelos soviéticos e repetidas promessas aliadas. No Oriente, o Japão, aliado da Alemanha, ocupara a Manchúria no início da década de 1930, provocando conflitos fronteiriços e, em 1939, a batalha de Khalkhin Gol, na qual as tropas soviéticas foram comandadas pelo astro militar em ascensão Gueórgui Júkov. A vitória soviética nessa batalha convenceu os japoneses de que não havia colheitas fáceis a serem feitas ali, e os dois países assinaram um pacto de neutralidade em abril de 1941. Embora o pacto tenha sido de fato observado por ambos os lados durante a guerra, os líderes soviéticos continuaram a temer que os japoneses pudessem rompê-lo e puxar a União Soviética para um conflito de duas frentes.

Durante a guerra, o país foi dirigido pelo recém-criado Comitê de Defesa Estatal, cujo birô operacional era composto por Stálin, Mólotov, Biéria (responsável pelos serviços de segurança) e dois novos membros suplentes do Politburo, Mikoian e Gueórgui Malenkov. Por meio de uma divisão informal de tarefas dentro desse comitê, Stálin tinha a responsabilidade principal sobre assuntos militares, enquanto o resto se concentrava em administrar a economia de guerra, cujo desempenho geralmente é classificado como tendo sido excepcional. Stálin não tinha experiência direta de comando militar, mas se considerava um especialista — na guerra civil ele havia sido um líder do lado político do Exército Vermelho — e tinha um forte interesse prático na condução da luta armada. Às vezes, suas intervenções eram inúteis ou até mesmo desastrosas (como sua recusa em permitir uma retirada oportuna em junho de 1941), mas ele conseguiu trabalhar efetivamente com um grupo de generais talentosos que surgiram no curso da guerra, notadamente Júkov, o vencedor de Khalkhin Gol, e Konstantin Rokossóvski (recém-libertado da prisão, onde fora parar por ser "inimigo do povo" durante os Grandes Expurgos). Stálin e Mólotov eram os dois membros civis do alto-comando chefiado pelo marechal Semion Timochenko. Como na guerra civil, Stálin e muitos membros de sua equipe do Politburo optaram por usar uniforme militar durante todo o período, embora ele não tenha assumido o título de "generalíssimo" antes do conflito ter sido vencido.

Enquanto Stálin cuidava dos esforços militares do país, a administração da frente interna ficou nas mãos de seu Politburo, basicamente a mesma dúzia de homens que estavam com ele desde a década de 1920, além de algumas aquisições mais recentes, como Khruschóv e Biéria. Eles trabalhavam de forma colegiada e eficaz, Mikoian relembrou mais tarde; a atmosfera do pré-guerra de suspeita generalizada se dissipou, e Stálin estava disposto a ouvir outras opiniões e mudar sua própria posição, se convencido. Nas províncias, os secretários regionais do partido tinham responsabilidades ainda maiores do que antes, muitas vezes com um alto grau de autonomia prática. Em todos os níveis do sistema, os líderes políticos se viram trabalhando em estreita colaboração com os líderes militares, forjando vínculos pessoais e profissionais que continuariam no período pós-guerra.

Extraordinariamente colegiado em casa, no cenário mundial, Stálin representava uma figura nova e carismática. Antes, era um enigma que nunca se encontrara pessoalmente com outros líderes mundiais; agora, estabelecera rapidamente uma boa relação de trabalho com os aliados de guerra Winston Churchill e Franklin Roosevelt e, com efeito, conquistou o respeito deles. Nas nações aliadas, o líder soviético anteriormente demonizado foi reimaginado como um benevolente "Uncle Joe"* fumante de cachimbo. Uma mudança semelhante na opinião pública soviética — aparentemente tão espontânea quanto orquestrada pelo regime — elevou a popularidade dos Aliados,

---

* "Tio João", em inglês: como Stálin chegou a ser apelidado pela mídia ocidental. [N. E.]

particularmente dos Estados Unidos e Roosevelt (a defesa de Churchill da intervenção britânica na guerra civil russa não fora esquecida).

Mais uma vez, a guerra era em grande parte um negócio de homens. Mas, em contraste com a guerra civil, a contribuição das mulheres, como esteio da frente interna, foi notada, e a representação das mulheres no Partido Comunista aumentou alguns pontos (chegando a 18% em 1945). Mulheres heroicas que resistiram à ocupação alemã foram celebradas como mártires. Não obstante, a mãe enlutada era a imagem feminina dominante associada à guerra e, com efeito, as mulheres tinham algo a lamentar diante da carnificina de seus maridos e filhos durante a batalha. As perdas de guerra foram desproporcionalmente masculinas e, em consequência, uma geração inteira de mulheres se viu solteira, e, muitas vezes, mães solteiras. Ainda em 1959, o primeiro censo pós-guerra mostrou cerca de 20 milhões a mais de mulheres do que homens na população da RSFSR, Ucrânia e Bielorrússia.

A condução soviética da guerra foi previsivelmente implacável; desde o início, Stálin declarou — diante da captura em larga escala de soldados e rendição de unidades aos alemães — que qualquer um que se deixasse aprisionar pelo inimigo era um traidor cuja família, assim como ele próprio, estaria sujeita à punição. Não obstante, a população russa apoiou o esforço de guerra, talvez para surpresa de Stálin, e os povos não eslavos de fora da zona ocupada, cuja contribuição para o esforço de guerra em apoio ao "irmão mais velho" russo foi devidamente reconhecida após os primeiros meses, parecem ter feito o mesmo. (Mesmo no Cazaquistão pós-soviético, com livros escolares reescritos para apoiar uma versão mais nacionalista cazaque da história do país, o capítulo sobre a Segunda Guerra Mundial permaneceu imbuído do espírito do patriotismo soviético mobilizado no esforço nacional para expulsar os invasores.)

Um cartaz de propaganda soviética de 1942 diz: "Soldado do Exército Vermelho, salve-nos!".

Nas regiões ocupadas, a história foi evidentemente diferente. Os alemães encontraram muitos colaboradores na Ucrânia, Bielorrússia e no Sul da Rússia. Grupos móveis da Organização de Nacionalistas Ucranianos de Stepan Bandera — dirigidos de sua base na Polônia ocupada pelos alemães em coordenação com a inteligência militar alemã — estavam ativos na Ucrânia ocupada, e cossacos, tártaros e calmucos que aderiram aos alemães estavam entre os recrutados para as forças armadas alemãs nas últimas fases da guerra. Quando as tropas soviéticas recapturaram o Cáucaso e a Crimeia, vários pequenos povos, como os tchetchenos e os tártaros da Crimeia, foram declarados "nações traidoras" e deportados para a Ásia Central, numa das operações tipicamente implacáveis e eficientes de

Biéria. Uma das consequências imprevistas foi que a mistura étnica em lugares como o Cazaquistão se tornou mais diversificada do que nunca, com tchetchenos desafiadores e alemães étnicos trabalhadores (deportados do Volga no início da guerra) convivendo com cazaques locais e colonos russos e ucranianos lá estabelecidos havia muito tempo.

Em abril de 1943, os alemães descobriram valas comuns de oficiais poloneses na floresta de Katyn, na região de Smolensk, e anunciaram-nas como uma atrocidade soviética. Era verdade, embora os propagandistas soviéticos negassem vigorosamente e atribuíssem a culpa aos alemães, e muita gente do lado aliado quisesse acreditar neles. A captura dos oficiais poloneses remontava à ocupação soviética do Leste da Polônia em 1939, e parece que foram mortos na primavera de 1940. As relações historicamente conturbadas com a Polônia não melhoraram quando, perseguindo os alemães em retirada, as forças soviéticas chegaram à fronteira da Polônia no verão de 1944. Ansioso para fazer da libertação dos alemães uma conquista nacional polonesa, além de soviética, mas também esperando o apoio militar soviético, o exército clandestino polonês iniciou uma revolta em Varsóvia. Mas o Exército soviético, sob o comando do general Rokossóvski, manteve-se firme do outro lado do rio Vístula, alegando que as linhas de suprimentos estavam sobrecarregadas. O avanço na Polônia fez da União Soviética a primeira potência aliada a alcançar e libertar os campos de concentração nazistas, Majdanek em julho de 1944 e Auschwitz em janeiro seguinte. Os famosos correspondentes de guerra Iliá Ehrenburg e Vassíli Grossman, ambos judeus, publicaram relatórios chocantes e detalhados sobre o Holocausto enquanto viajavam para oeste com o Exército soviético.

Foi uma corrida disputada com os exércitos aliados, mas o Exército soviético chegou primeiro a Berlim e orgulhosamente plantou a bandeira soviética no Reichstag em 30 de

Soldados erguem a bandeira soviética no Reichstag em Berlim, em 2 de maio de 1945. Foto tirada pelo fotógrafo soviético Evguiêni Khaldei.

abril de 1945. Vitória finalmente! E, se poderia pensar, um reconhecimento do regime soviético. Mas Stálin ainda parecia sentir que havia sobrevivido por um triz. Tendo em vistas os erros cometidos no início e a consequente ocupação alemã de grande parte do país, ele disse a uma assembleia de comandantes do Exército no Kremlin em maio: "Outro povo poderia ter dito ao governo: você não atendeu nossas expectativas, vá embora, vamos montar outro governo. [... Mas] nosso povo soviético, sobretudo o povo russo, não fez isso". Com humildade incomum, o brinde de Stálin foi "ao povo russo por sua confiança".

Depois da guerra

O Dia da Vitória foi comemorado pela primeira vez em 24 de junho de 1945, na praça Vermelha de Moscou. O marechal Júkov, montado num cavalo branco, foi uma atração importante.

O garboso marechal Júkov, montado num cavalo branco, no desfile da vitória em Moscou, em 24 de junho de 1945.

(Stálin havia recusado o papel, sem ter certeza, aos 66 anos, de que suas habilidades de equitação estavam à altura.) Foi o nascimento de um mito heroico que se tornaria central para a identidade nacional — não apenas da União Soviética, mas também da Federação Russa pós-soviética. O Dia da Vitória tem sido comemorado na praça Vermelha em 9 de maio quase todos os anos desde 1946. Na visão dos soviéticos, a vitória foi gloriosa, mas alcançada a um custo tremendo e pertenceu essencialmente apenas à União Soviética, com os Aliados desempenhando papéis de apoio na Europa e a guerra no Pacífico um mero espetáculo à parte. Essa versão da guerra, é claro, era diferente da dos Aliados ocidentais, mas não havia discordância de que a contribuição soviética havia sido crucial e suas perdas excepcionalmente altas.

A União Soviética havia sido uma espécie de pária no cenário internacional antes da guerra, mas no fim dela era uma superpotência emergente. Os Três Grandes — Stálin, Churchill e Roosevelt — haviam esboçado os contornos do mundo do pós-guerra em seu encontro em Ialta, na Crimeia, em fevereiro de 1945. (Até a escolha do local denotava o novo status da União Soviética: Stálin não gostava de voar e não estava disposto a deixar o território soviético, então os doentes Roosevelt e Churchill tiveram de viajar.) Em Ialta, os Aliados ocidentais admitiram o princípio de um interesse soviético primário na Europa Oriental, abrindo caminho para a criação de um amortecedor ainda mais substancial para proteger a União Soviética de qualquer possível agressão da Alemanha no futuro. Mas logo ficou claro que, diante do declínio vertiginoso da Grã-Bretanha como potência imperial, não seriam os Três Grandes, mas os Dois Grandes. Churchill chegou mesmo a perder sua cadeira de primeiro-ministro da Grã-Bretanha no meio da Conferência de Potsdam. Os Estados Unidos e a

Stálin na Conferência de Potsdam,
em julho-agosto de 1945.

União Soviética seriam as superpotências do pós-guerra, não mais aliados, mas antagonistas ideológicos e geopolíticos.

A balança de poder inclinou-se fortemente para o lado americano, em especial nos primeiros anos da Guerra Fria. Os Estados Unidos saíram da Segunda Guerra Mundial ricos, poderosos, confiantes de que seus princípios democráticos e seu modo de vida eram moralmente superiores ao comunismo e, de que naquele momento, eram o único país que possuía a bomba atômica. A União Soviética estava pobre e economicamente arruinada, sem a bomba (mas Biéria e seus cientistas estavam trabalhando nela) e também confiante em sua própria superioridade moral. Agora, ela tinha um amortecedor contra a agressão do Ocidente na forma de um bloco de Estados dominados pelos soviéticos na Europa Oriental. Havia até mesmo a esperança soviética (e da parte americana, o temor) de que a Europa Ocidental — França e Itália em particular, com seus partidos comunistas populares, mas também talvez uma futura Alemanha unida — seguiria o exemplo soviético e se tornaria comunista. "Todos nós pensamos que isso aconteceria porque queríamos muito", lembrou Khruschóv mais tarde. Infelizmente, os Estados Unidos intervieram com o Plano Marshall — um enorme subsídio econômico para a Europa devastada —, então "todos esses países permaneceram capitalistas e ficamos desapontados". Foi na Ásia que a revolução realmente avançou no mundo do pós-guerra, onde Kim Il-sung estabeleceu um regime comunista patrocinado pelos soviéticos na Coreia do Norte em 1948, e os comunistas de Mao Tsé-tung chegaram ao poder na China (por seus próprios esforços, com apenas um apoio mínimo de Moscou) em 1949. Isso era bem-vindo, desde que a China entendesse que era a irmã mais moça no movimento comunista mundial; mas a alegria soviética com esse evento foi menos notável do que o alarme quase histérico que provocou nos Estados Unidos.

O Plano Marshall não foi oferecido seriamente à União Soviética e, sob pressão soviética, não foi aceito pelos países do bloco soviético da Europa Oriental. Mas as perdas soviéticas durante a guerra foram enormes e a tarefa de reconstrução, formidável. As perdas populacionais eram agora geralmente estimadas em 27 milhões ou 28 milhões (embora na época de Stálin o total oficial anunciado fosse de 7 milhões, para evitar transmitir uma imagem de fraqueza). Doze milhões de pessoas que foram evacuadas para o Leste durante o conflito precisaram voltar para casa, e a maioria dos 8 milhões no Exército durante a guerra teve de ser desmobilizada. Outros 5 milhões terminaram a guerra na Alemanha como prisioneiros ou trabalhadores forçados. Com alguma dificuldade, os soviéticos conseguiram repatriar mais de 4 milhões deles, mas estima-se que meio milhão permaneceu no mundo capitalista, juntando-se aos emigrantes da "primeira onda" do início da década de 1920, numa expansão da emigração antissoviética. O grande número de pessoas em trânsito dá uma noção da magnitude do transtorno. Em Leningrado, a segunda maior cidade da União Soviética, o bloqueio alemão, que durara mais de três anos, matara grande parte da população. No país como um todo, de acordo com dados soviéticos, quase um terço do estoque de capital do pré-guerra havia sido destruído, e nos territórios ocupados, onde as forças alemãs haviam adotado uma política de terra arrasada na saída, foram dois terços.

A Europa Oriental era causa de tensão contínua entre os soviéticos e os Aliados ocidentais, à medida que governos controlados pelos soviéticos que eram mais ou menos comunistas e mais ou menos impopulares junto às populações locais foram instalados desajeitadamente. O acordo de Ialta sempre implicara que um "bloco soviético" seria formado na Europa Oriental, mas para os Aliados ocidentais — particularmente os Estados Unidos, com seus fortes lobbies étnicos — a realidade

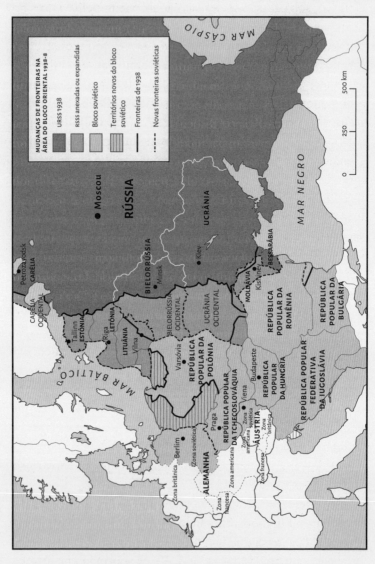

União Soviética e Europa Oriental, 1945.

era outra. Em 1947, em seu famoso discurso em Fulton, Missouri, Churchill — agora fora do poder, mas com o encorajamento dos bastidores de líderes americanos e britânicos — apontou para uma "cortina de ferro" que dividia um continente que, graças às "tendências expansivas e proselitistas" dos soviéticos, "certamente não era a Europa libertada que lutamos para construir". A deserção no Canadá do espião soviético Ígor Gouzenko aumentou a preocupação com a espionagem, enquanto a busca do senador Joseph McCarthy por infiltrados comunistas no Departamento de Estado e no Exército americanos gerou mais alarme e transtorno. Em 1948, o conflito sobre Berlim quase se transformou em guerra, e a preocupação ocidental com as intenções soviéticas aumentou acentuadamente quando a União Soviética, tentando alcançar os americanos, testou com sucesso sua própria bomba atômica. Em 1952, os americanos executaram dois judeus nova-iorquinos, Julius e Ethel Rosenberg, por passarem segredos atômicos aos soviéticos. Em 1953, cientistas soviéticos, liderados por Ígor Kurtchátov sob a direção administrativa de Biéria, produziram uma bomba de hidrogênio. Uma terceira guerra mundial, que provocaria um holocausto nuclear inimaginável, parecia a muitos não apenas possível, mas provável.

Durante a guerra, acalentara-se a esperança de que a vitória, se viesse, traria alívio e melhora geral. Até Mikoian, um membro do Politburo próximo a Stálin, esperava que o "democratismo de camaradagem" gerado pelas relações sociais em tempo de guerra fosse transportado para a vida civil. Mas, na realidade, as coisas nunca seriam fáceis, tendo em vista a tensa situação internacional e os enormes desafios da reconstrução econômica realizada sem ajuda externa. Os intelectuais que esperavam uma flexibilização da censura após a guerra ficaram desapontados. Os camponeses que esperavam manter os lotes privados reconstituídos durante a guerra viram a disciplina do *kolkhoz* ser restabelecida e seu padrão de vida despencar novamente. A conscrição de mão de obra — de aldeões, adolescentes urbanos, ex-trabalhadores forçados retornados da Europa — e prisioneiros de um gulag em constante expansão desempenharam um papel ainda maior na força de trabalho do que antes da guerra. Os problemas econômicos foram agravados por uma epidemia de fome nas partes ocidentais do país em 1946-7, tratada de forma menos brutal do que sua precursora em 1933, mas um golpe cruel para além da devastação da guerra.

O número de membros do Partido Comunista mudara e crescera significativamente, com a entrada de quase 2 milhões de novos membros nos últimos anos do pré-guerra, além de um número semelhante de novos membros durante o conflito, elevando-se para 5,8 milhões em 1945. A "classe de 38" que veio após os Grandes Expurgos continha muitos jovens gerentes e profissionais, mais bem instruídos do que seus antecessores, enquanto os recrutas da guerra trouxeram consigo um espírito de fraternidade da linha de frente que se tornou central para a cultura do partido (como havia sido, mutatis mutandis, após a guerra civil). O impacto dos jovens profissionais do partido também se fez sentir nos altos escalões do governo; como a historiadora Julie Hessler descobriu nos arquivos, um grupo de jovens "burocratas esclarecidos" do Ministério das Finanças estava circulando propostas para legalizar o setor privado urbano para que este pudesse ser tributado — propostas de reforma radical que não foram postas em prática, mas também não causaram nenhuma punição a seus autores. À medida que o orçamento do Estado se expandia nos anos do pós-guerra, também aumentavam os gastos com assistência social, educação e saúde pública. O número de médicos per capita da população dobrou na década de 1940 e acrescentou outro terço nos anos 1950-6, alcançando um dos níveis mais altos do mundo na época. Para o historiador Christopher Burton, esse foi o período em que o sistema de saúde público soviético — fragmentado em diferentes níveis de privilégio e acesso durante a década de 1930 — começou finalmente a universalizar os direitos.

Houve uma liberalização surpreendente em várias esferas da vida no pós-guerra. Muitas igrejas ortodoxas foram autorizadas a reabrir no fim da guerra, estimulando um pequeno renascimento religioso. Aqueles que tiveram a sorte de frequentar a Universidade Estatal de Moscou nos últimos anos de Stálin — entre eles Gorbatchov e sua esposa Raíssa — sentiam-se parte de uma geração singularmente privilegiada que, na esteira da vitória da guerra, poderia completar a construção do socialismo na União Soviética e resolver suas deficiências do pré-guerra; a geração de Gorbatchov sempre olharia para sua juventude como um tempo de esperança, descoberta intelectual e idealismo. Os estudos americanos eram uma disciplina particularmente interessante nas universidades de Moscou, tendo atraído a filha de Stálin, Svetlana, bem como muitos outros filhos de membros do Politburo; uma nova geração estava prestes a se apaixonar pelo escritor americano Ernest Hemingway. Relatos policiais sobre o "humor popular", o substituto soviético das pesquisas de opinião, traziam rotineiramente expressões de afeição pelos Estados Unidos — "seu povo, não seu governo" — que, apesar da Guerra Fria, persistiriam por décadas.

Outro tipo de liberalização podia ser discernido no florescimento do suborno e da corrupção, com escândalos até nos tribunais superiores. Os vigaristas encontravam presas fáceis; um deles (um recém-chegado do gulag com as duas pernas amputadas) foi tão descarado ao extrair dinheiro e bens escassos dos ministérios por ser um "herói de guerra ferido" que ganhou um registro detalhado e de quase admiração em um dos relatórios semanais de inteligência de Stálin. Talvez não por coincidência, os romances extremamente populares de Iliá Ilf e Evguiêni Petrov, que celebravam as façanhas do vigarista fictício Óstap Bénder, foram temporariamente banidos no ano seguinte.

Nos primeiros anos da Guerra Fria, jornalistas ocidentais, ansiosos por discernir tendências de liberalização e ocidentalização, publicaram rumores de que Stálin, velho e doente, logo cederia seu lugar a um Mólotov supostamente mais liberal. Esses relatórios, ainda mais irritantes por serem imprecisos, causaram constrangimento e o rebaixamento político de Mólotov. Mas era verdade que Stálin estava envelhecendo e parece que havia tido um ataque cardíaco na segunda metade de 1945. Por causa de sua saúde, passava agora muitos meses do ano no Sul, e mesmo quando em Moscou, sua carga de trabalho diária — até então fenomenal — caiu drasticamente. Suas intervenções em debates políticos tornaram-se mais esporádicas, embora não menos perturbadoras quando ocorriam, e seus camaradas do Politburo podiam geralmente administrar seus setores (indústria pesada, agricultura, comércio e assim por diante) com interferência mínima. Não houve mais expurgos em massa da elite política, embora isso não impedisse expurgos localizados, como o Caso de Leningrado, que encerrou a carreira do jovem promissor político Nikolai Voznessiênski. Nas regiões recém-adquiridas da Ucrânia Ocidental e do Báltico, a sovietização — que muitas vezes parecia russificação — foi conduzida com mão pesada. No Uzbequistão, por outro lado, a antiga liderança do partido local foi substituída, após os Grandes Expurgos, por uma nova geração, também nativa, mas com formação soviética, que realizou a tarefa de mediação entre Moscou e uma população islâmica de mentalidade tradicional.

Numa dialética familiar, tendências liberais e repressivas coexistiram nos últimos anos de Stálin. Do lado repressivo,

Trofim Lisenko, um cientista agrônomo com sua própria agenda excêntrica, conseguiu obter aprovação oficial para sua campanha contra a genética. A criatividade nas artes e nas ciências em geral foi paralisada e frustrada. Foi um período de crescente xenofobia oficialmente patrocinada, quando se ensinou aos estudantes que o russo Aleksandr Popov, e não o italiano Guglielmo Marconi, inventara o rádio; o contato com estrangeiros tornou-se perigoso; e o casamentos de cidadãos soviéticos com estrangeiros era proibidos por lei.

O mais alarmante de tudo foi o crescimento do antissemitismo, que parecia ter sanção oficial. O antissemitismo era um fenômeno familiar na Rússia, tendo provocado pogroms nos últimos tempos tsaristas. Mas os bolcheviques, com uma adesão substancial de judeus e uma aversão histórica ao antissemitismo como forma de discriminação nacional, geralmente o evitavam. O Politburo de Stálin tinha apenas um judeu (Kaganóvitch), porém mais da metade de seus membros tinha esposas ou genros judeus. A intelligentsia soviética formada na década de 1930 tinha um componente judaico substancial, e havia pouca tolerância ao antissemitismo dentro dela. Em razão de tudo isso, a guinada para o antissemitismo do fim da década de 1940, feita de forma quase oficial, tornou-se ainda mais aberrante e chocante para a elite soviética, se não para o público em geral. É certo que houve sinais de alerta de crescente antissemitismo popular durante a guerra. As aquisições territoriais que se seguiram ao pacto de não agressão de 1939 acrescentaram 2 milhões de judeus à população soviética, para não mencionar um número desconhecido de antissemitas entre os recém-incorporados ucranianos ocidentais e bielorrussos ocidentais. Após o ataque alemão, muitos desses judeus fugiram ou foram deportados para a Sibéria, o Cazaquistão e a Ásia Central. Em breve, chegaram a Moscou relatórios perturbadores sobre um aumento do antissemitismo em lugares que historicamente quase não tinham população judaica. Circularam rumores de que os judeus estavam "ficando de fora da guerra em Tashkent", enquanto os russos estavam carregando o fardo da luta.

A linha oficial que condenava o antissemitismo nunca mudou, mas em 1947 a campanha contra a influência estrangeira, de início simplesmente xenófoba, adquiriu inconfundíveis conotações antissemitas, em que "cosmopolitas sem teto" era um codinome para judeus. O Comitê Judaico Antifascista, criado durante a guerra para fins de propaganda internacional e angariação de fundos, foi dissolvido, e seus principais membros foram presos, junto com o financiador político de alto escalão Solomon Lozóvski, o qual, no verão de 1952, foi, num tribunal militar fechado, condenado por traição e fuzilado. O anúncio, em dezembro de 1952, do desmascaramento de um "complô dos médicos" no Hospital do Kremlin para matar membros do Politburo e trabalhar para a espionagem estrangeira foi o ponto culminante disso. Embora os médicos não fossem formalmente identificados nas reportagens dos jornais como judeus, seus nomes completos e patronímicos foram divulgados, deixando sua etnia clara para todos os leitores soviéticos. Denunciantes populares levantaram o tema antissemita, enfatizando os privilégios e a corrupção dos judeus, enquanto ao mesmo tempo corriam rumores de que o governo planejava deportar todos os judeus para o interior, da mesma maneira que fizera com nacionalidades "traidoras", como os tchetchenos e tártaros da Crimeia, durante a guerra.

Essa campanha antissemita meio encoberta parece ter sido uma iniciativa pessoal de Stálin, que desconcertou quase todo o seu Politburo. Ela coincidiu com um esforço determinado de Stálin de minar alguns de seus colegas mais próximos do Politburo, notadamente Mólotov, Vorochílov e Mikoian, sugerindo que eles estavam de mãos dadas com os americanos e os judeus. É claro que Mólotov e Mikoian *tinham* amplo contato com americanos, tendo em vista suas respectivas posições de ministros das Relações Exteriores e do Comércio Exterior. Isso foi considerado relevante para a questão judaica porque o novo Estado judeu de Israel, cuja criação Stálin havia apoiado, era agora um aliado dos Estados Unidos. A esposa judia de Mólotov foi presa em 1949 por simpatias sionistas e enviada para o exílio, mas não foi apenas Mólotov que teve o pescoço na corda. A imaginação maligna que tecera ligações entre praticamente todos os antigos oposicionistas, fossem de esquerda ou de direita, e Trótski e seus supostos apoiadores da espionagem estrangeira em 1936-8 certamente não teria problemas para implicar Biéria (um defensor consistente de Israel no Politburo), Kaganóvitch (um judeu), Malenkov (cuja filha se casara com o filho de Lozóvski) e sabe-se lá quem mais no novo cenário de julgamento encenado de Moscou que Stálin parecia estar construindo. Isso explica o fato extraordinário de que, quando Stálin tentou tirar Mólotov e Mikoian da rede social do poder nos últimos meses de 1952, ninguém do resto do Politburo o apoiou.

As tensões internacionais vinham crescendo constantemente entre as duas superpotências. Ambas tinham agora a bomba, e o tamanho do Exército soviético havia aumentado de menos de 3 milhões em 1948 para mais de 5 milhões em 1953. Em meados de 1950, a Coreia do Norte, dependente da União Soviética, invadiu a Coreia do Sul, dependente dos Estados Unidos, reconhecidamente contra o forte conselho de Stálin. Na Guerra da Coreia de três anos que se seguiu, a União Soviética foi oficialmente não beligerante, mas tanto os Estados Unidos quanto a China se envolveram militarmente em lados opostos. O medo dos americanos da disseminação do comunismo mundial levou à pressão no Partido Republicano para repudiar o acordo de Ialta e libertar as "nações cativas" do bloco comunista. De acordo com as memórias posteriores de

Khruschóv, "nos dias que antecederam a morte de Stálin, acreditávamos que os Estados Unidos invadiriam a União Soviética e iríamos para a guerra". Stálin estava pessoalmente aterrorizado e tentou evitar de todo jeito (lembranças de 1941) qualquer pretexto para um ataque. Presumivelmente, tratava-se de uma resposta à retórica liberacionista de John Foster Dulles, que assumiu o posto de secretário de Estado após a eleição do republicano Dwight Eisenhower para a presidência em novembro de 1952. Vista em retrospecto, dá a impressão de uma reação exagerada, mas isso não diminui a realidade do medo. No Kremlin, parece ter sido um daqueles momentos em que ameaças incipientes surgem de todas as direções e todo cavaleiro noturno pode ser um dos Cavaleiros do Apocalipse.

O fim estava realmente próximo, mas não era o Juízo Final ou uma invasão capitalista. Nunca saberemos como a manobra política soviética do inverno de 1952-3 poderia ter se desenrolado, porque foi interrompida abruptamente por um ato de Deus: em 5 de março de 1953, Stálin morreu. As circunstâncias de sua morte, após um derrame quando ele estava sozinho em sua datcha, foram imortalizadas em *A morte de Stálin*, filme de 2017 de Armando Iannucci que, apesar de toda a sua despreocupação com os detalhes, capta a comédia macabra essencial da situação. Os membros do Politburo, convocados às pressas quando Stálin foi encontrado inconsciente, demoraram a chamar um médico — mas quem havia para ser chamado, já que a maioria dos médicos do Kremlin, inclusive o do próprio Stálin, estava na prisão? Embora alguns membros do Politburo possam ter ficado aliviados com a perspectiva da morte de Stálin, não há indícios de cumplicidade individual ou de grupo. Eles compartilharam uma vigília desajeitada ao lado de sua cama, e Biéria assumiu mais ou menos o comando. Mas mesmo antes de Stálin dar seu último suspiro, o Politburo — inclusive seus membros antes ostracizados, Mólotov e Mikoian — se reuniu no gabinete de Stálin no Kremlin para decidir a composição do novo governo e redigir o comunicado de imprensa. Era a normalidade num grau quase bizarro; as premonições apocalípticas haviam evidentemente morrido com Stálin. A União Soviética tinha uma nova "liderança coletiva" — na verdade, o Politburo de Stálin, sem Stálin. O que essa contradição em termos significava ainda estava para ser visto.

5.
Da "liderança coletiva" a Khruschóv

Todo cidadão soviético sempre se lembraria de onde estava quando ouviu a notícia da morte de Stálin, como os americanos em relação ao dia do assassinato do presidente Kennedy. Alguns, sem dúvida, regozijaram-se em particular, mas a reação imediata de muitos foi de tristeza, combinada com o medo do futuro: como vamos conseguir sem Stálin para cuidar de nós? O funeral foi marcado por uma correria de pessoas que se espalharam pelas ruas de Moscou, esperando ver pela última vez seu líder, ou apenas curiosos. Típico do caráter fortuito da história soviética, não era uma multidão de manifestantes em protesto ou de adoradores; era mais uma multidão em busca de um significado. Mas pessoas morreram pisoteadas na confusão, e todo o episódio deixou uma sensação de mau presságio.

A versão curta familiar da história soviética mostra a saída de Stálin, o tirano, seguida imediatamente pela entrada de Khruschóv, o reformador. Porém as coisas foram mais estranhas do que isso. Foi o antigo Politburo de Stálin — no qual Khruschóv ocupava o quinto lugar — que coletivamente deu um passo à frente com um programa imediato de reforma radical tão coerente e abrangente que é possível pensar que eles o haviam decidido com antecedência. Nenhum deles jamais admitiu isso e, tendo em vista o grau de vigilância nos últimos anos de Stálin, teria sido incrivelmente arriscado. Mas não há como evitar a conclusão de que um consenso sobre a necessidade de uma mudança de amplo alcance "quando chegasse a hora" se formou silenciosamente entre os assessores de Stálin.

A opinião geral sobre os colegas políticos mais próximos de Stálin, tanto de seus contemporâneos quanto de historiadores, é que eles eram um bando de oportunistas covardes, puxa-sacos de seu líder e totalmente servis. A idade média desses homens — Mólotov, Mikoian, Khruschóv, Biéria, Vorochílov, Kaganóvitch, Malenkov — era de cerca de sessenta anos, com Vorochílov (nascido em 1881) e Malenkov (nascido em 1901) nos dois extremos. Eles haviam passado pelos expurgos com Stálin, tanto como coexecutores quanto como vítimas em potencial; trabalharam junto com ele e uns com os outros durante a guerra; e suportaram os inquietos anos do pós-guerra, com Stálin muitas vezes ausente, cada vez mais errático e, no final, provavelmente querendo o sangue deles. Pode-se pensar que a lealdade a Stálin estava no DNA de cada um, mas embora nenhum deles jamais o tenha repudiado totalmente, a maioria tinha dúvidas e reservas particulares. Uma história reveladora foi contada por Stepan Mikoian, filho adulto do membro do Politburo Anastas Mikoian, que procurou impressionar seu pai dizendo-lhe que havia prestado suas últimas homenagens enquanto o corpo de Stálin era velado, antes do enterro. "Você estava perdendo seu tempo", disse o pai secamente. Stepan, criado para venerar Stálin, ficou chocado: "Foi o primeiro sinal de que poderia haver uma atitude crítica em relação a Stálin, e que meu pai tinha essa atitude".

No novo governo, Malenkov ocupou o principal cargo de presidente do Conselho de Ministros; Biéria, em seu antigo cargo de chefe de segurança, parecia a figura mais dinâmica; e Mólotov, que voltava a chefiar as Relações Exteriores, era o estadista mais velho. Mikoian estava encarregado do Comércio, Bulgánin, da Defesa (tendo como adjuntos os famosos marechais da Segunda Guerra Mundial Aleksandr Vassilévski e

Gueórgui Júkov), e Khruschóv era o secretário (não "secretário-geral" como Stálin) do partido.

Dois dias após o funeral de Stálin, Biéria libertou a esposa de Mólotov do exílio e a trouxe do Cazaquistão para se reunir ao marido. Logo foram feitas reformas políticas radicais que aconteceram numa sucessão vertiginosa. Por iniciativa de Biéria, os processos do "complô dos médicos" foram interrompidos, os médicos, liberados, e sua liberdade anunciada na imprensa. A seguir, também por iniciativa de Biéria, foi declarada uma anistia em massa no gulag, que começou com 1 milhão de prisioneiros "não políticos", mas que logo passou, ainda que de forma mais gradual, para os políticos. Nas repúblicas bálticas, a russificação foi revertida, e Biéria insistiu em promover os dirigentes locais num ritmo acelerado (quando a divisão letã da polícia secreta lhe disse que havia esgotado os candidatos letões que não estavam na lista de restrições como nacionalistas, Biéria disse que isso era irrelevante). O nome de Stálin, até então onipresente, desapareceu de repente dos jornais; a publicação de suas obras completas foi interrompida de forma abrupta. Promoveram-se reformas agrícolas para elevar o padrão de vida terrivelmente baixo no campo. Reduziram-se drasticamente os preços do varejo, e Malenkov assumiu a tarefa de disponibilizar mais bens de consumo para a população urbana. Editores reformistas foram nomeados para os principais periódicos literários "de peso", que mesmo sob Stálin haviam funcionado como uma espécie de enclave da sociedade civil.

Quando a equipe, anunciando-se como "liderança coletiva", apareceu em público junta, os observadores notaram a fácil camaradagem de suas interações, muito diferente da formalidade rígida das últimas aparições stalinistas. Os novos líderes da União Soviética estavam "florescendo como cactos curtidos", comentou o correspondente americano Harrison Salisbury.

O governo americano demorou a reagir à mudança, embora os novos líderes soviéticos estivessem fazendo todo o possível para sinalizar isso. O discurso de Malenkov no funeral de Stálin foi um apelo fervoroso pela paz e cooperação internacional que fez menção apenas superficial ao falecido. Poucos meses após a morte dele, a União Soviética concordou com uma trégua na Guerra da Coreia. O presidente Eisenhower notou essas sondagens e se perguntou se elas deveriam ser levadas a sério, mas foi persuadido do contrário por Dulles, que sabia que o astuto leopardo soviético nunca poderia mudar de verdade suas manchas. Especialistas da nova disciplina de sovietologia, sob a bandeira de "Conheça seu inimigo", confirmaram que sociedades totalitárias como a União Soviética e a Alemanha nazista eram incapazes de se reformar e só entrariam em colapso quando derrotadas na guerra. A falta de resposta dos Estados Unidos deu credibilidade à visão de linhas-duras da liderança coletiva como Mólotov, segundo a qual não havia sentido em fazer propostas ao Ocidente: o leopardo imperialista jamais poderia mudar suas manchas...

Em junho de 1953, a liderança coletiva expulsou e posteriormente executou um dos seus — o mais enérgico e radical dos reformadores, o chefe da polícia secreta Lavriénti Biéria. Temiam que ele soubesse muitos de seus segredos pessoais, que estivesse usando *kompromat* (material comprometedor de arquivos policiais) de líderes das repúblicas e regiões para montar uma rede de apoio nacional, que estivesse incentivando o culto à própria personalidade em sua Geórgia natal e que, na realidade, não se importava com o socialismo. Achavam também que ele era um exibicionista que não tinha respeito de verdade por seus colegas. (Kaganóvitch, por exemplo, estava farto de ouvir de Biéria que "eu sou a autoridade, eu sou o liberal, depois de Stálin eu dou as anistias, eu faço as denúncias, eu faço tudo".) A prisão de Biéria, que pegou a vítima totalmente de surpresa, foi orquestrada por Khruschóv e marcou seu primeiro passo em direção à liderança pós-Stálin. A ação anti-Biéria foi acompanhada por uma enorme campanha de difamação, que se concentrou particularmente (embora de modo atípico para a União Soviética) em sua vida sexual. Um tribunal militar fechado o condenou por traição e impôs a sentença de morte em dezembro de 1953.

Era uma verdade universalmente reconhecida no Ocidente que um Politburo soviético precisava de um líder. Assim, por definição, os anos 1953-7 — o período da "liderança coletiva" — foi um mero interregno durante o qual o futuro líder emergiu e se livrou de seus rivais, tal como acontecera em 1923-7. É provável que o público soviético pensasse da mesma forma, bem como a elite política, mas só até certo ponto. Havia certamente uma tradição soviética de ter um *vojd* no topo, mas também havia uma tradição de liderança coletiva — ou seja, um pequeno grupo de líderes partidários (em geral chamado de "o Politburo", embora de 1952 a 1966 tenha sido "o Presidium"), cujos membros eram responsáveis por setores diversos, como defesa, comércio e indústria pesada, faziam reuniões frequentes como um coletivo com um *vojd* na direção e se encarregavam de grande parte do trabalho pesado de governar. Esse havia sido o modelo sob Lênin e, mutatis mutandis, sob Stálin. Para os novos líderes, tanto um Politburo quanto um *vojd* eram a norma, e estava dentro da norma ter um Politburo sem um *vojd*, mas não o contrário. Parece que, após a morte de Stálin, alguns membros da nova liderança, como Malenkov, Mikoian e Mólotov — este último, a princípio, o suposto favorito para qualquer posição de *vojd* — queriam genuinamente uma liderança coletiva sem um novo *vojd*, enquanto outros, notadamente Biéria e Khruschóv, esperavam, em particular, conquistar essa posição para si mesmos.

A liderança coletiva era composta por reformadores que nunca se anunciaram como tal, mas simplesmente começaram a reformar. Isso foi em parte para evitar a complicada questão da relação com seu antigo chefe, Stálin, e o derramamento de sangue que ocorrera sob seu governo. Livrar-se de Biéria ajudou, pois como chefe de segurança ele poderia ser retratado como o gênio do mal de Stálin e culpado pelo terror. Contudo, era difícil culpá-lo pelos excessos da coletivização, que quando secretário da república da Geórgia ele havia mitigado com bastante sucesso, ou pelos Grandes Expurgos, já que foi levado a Moscou para chefiar a polícia secreta só quando eles estavam terminando, a fim de fazer a limpeza.

Havia quase vinte anos que os Grandes Expurgos tinham acontecido, mas a questão de como lidar com eles estava ficando cada vez mais espinhosa. As vítimas estavam voltando do gulag, contatando velhos amigos (inclusive membros da liderança coletiva) e contavam histórias de arrepiar os cabelos. Elas queriam suas reputações de volta, para não mencionar suas autorizações de residência e apartamentos em Moscou; revistas reformistas queriam publicar suas memórias. "Fora de vista, fora da mente" era cada vez mais insustentável como estratégia. Uma comissão dirigida pelo secretário do Comitê Central Piotr Pospélov, conhecido como stalinista obstinado, foi nomeada em dezembro de 1955 para investigar o que exatamente havia acontecido nos Grandes Expurgos. Ela apresentou um relatório chocante de setenta páginas que afirmava que, entre 1935 e 1940, quase 2 milhões de pessoas foram presas por "atividade antissoviética" e 688 503 foram fuziladas. O Politburo debateu o que fazer com essas descobertas (que obviamente vazariam). Mikoian, que nunca foi particularmente sanguinário e presidia a comissão para a reabilitação de ex-prisioneiros políticos desde 1954, era a favor de dizer a verdade; Vorochílov, Kaganóvitch e Mólotov, que tinham mais a perder, estavam menos entusiasmados. No final, Khruschóv tomou a iniciativa e fez um relato não programado no XX Congresso do Partido, em 25 de fevereiro de 1956.

A parte mais surpreendente do discurso de Khruschóv tratava do impacto do terror stalinista nos altos escalões do partido. Os delegados ficaram boquiabertos quando ele disse que 70% dos membros do Comitê Central (98 de 139) haviam sido vítimas dos Grandes Expurgos. Eles ficaram pasmos de novo quando, voltando-se para tempos mais recentes, ele disse que "se Stálin tivesse permanecido no leme por mais alguns meses, os camaradas Mólotov e Mikoian provavelmente não teriam feito nenhum discurso neste Congresso". Khruschóv criticou os "excessos" da coletivização (embora não a coletivização em si), a destruição do alto-comando militar em 1937, os "erros" de Stálin durante a guerra (particularmente episódios envolvendo a Ucrânia, sobre a qual Khruschóv, como secretário do partido da república, entrara em conflito com ele), a deportação em tempo de guerra de pequenos povos, como os tchetchenos e tártaros da Crimeia, o Caso de Leningrado e a campanha antissemita dos últimos anos de Stálin. E até insinuou que Stálin poderia estar por trás do assassinato de Serguei Kírov.

O discurso de Khruschóv foi rotulado de "Discurso Secreto" no Ocidente e, com efeito, fez-se uma tentativa vã de escondê-lo do Ocidente, frustrada por delegados poloneses no Congresso, que o vazaram, e pela CIA, que o distribuiu no mundo todo. Mas, internamente, não era segredo algum, pois foi lido na íntegra em reuniões do partido realizadas em todo o país (e abertas a quem não era filiado). Seguiu-se uma discussão pública apaixonada, com a manifestação de muitos pontos de vista diferentes. Os veteranos ficaram aborrecidos com as críticas à liderança de Stálin durante a guerra. Estudantes e intelectuais ficaram entusiasmados com a perspectiva implícita de liberalização cultural. Em algumas cidades provinciais russas, o documento estimulou ataques à corrupção das lideranças partidárias locais; na Ásia Central, a questão eram as atitudes "coloniais" russas na administração das repúblicas. A única agitação civil real dentro da União Soviética ocorreu em Tbilisi, Geórgia, onde após dias de manifestações em larga medida pacíficas, que marcaram o terceiro aniversário da morte de Stálin, uma unidade militar abriu fogo, matando 21 pessoas.

Foi outra a história na Europa Oriental, onde o Discurso Secreto provocou uma crise na Polônia e na Hungria. O veterano líder comunista polonês Boleslaw Bierut, que estava no hospital em Moscou, leu e morreu de ataque cardíaco. A situação na Polônia — com Władysław Gomulka, recentemente libertado da prisão, prestes a assumir a liderança do partido polonês sem a aprovação de Moscou, e a agitação pela remoção do cidadão soviético nascido na Polônia, marechal Konstantin Rokossóvski, do posto de ministro da Defesa — parecia tão alarmante que quase todo o Politburo soviético, mais os marechais Júkov e o comandante do Pacto de Varsóvia Ivan Kónev, foram para Varsóvia. Esse incêndio foi apagado ao preço de aceitar Gomulka e sacrificar Rokossóvski, mas dentro de uma semana a Hungria entrou em queda livre, aplaudida pelo Ocidente, e em outubro, após deliberações angustiantes e muitas mudanças de opinião, tropas soviéticas foram enviadas para Budapeste. Isso acabou por estabilizar a situação e evitar o que a União Soviética mais temia, a deserção de um país do Leste Europeu do Pacto de Varsóvia, mas teve grande custo para a reputação soviética. No Ocidente, os governos e o público em geral ficaram indignados com o esmagamento da Revolução Húngara, ao passo que a China foi um dos poucos países a apoiar a União Soviética nessa ação. Mas Mao estava descontente por outro motivo, a saber, a condenação de Stálin por Khruschóv, que para os comunistas chineses cheirava ao temido "revisionismo" (perda do fervor revolucionário e moleza com o capitalismo).

Khruschóv, embora formalmente ainda apenas um entre iguais no Politburo, estava fazendo demonstrações evidentes de força, empurrando Malenkov (chefe do governo soviético) para fora do palco e começando a desafiar Mólotov. Foi Khruschóv e seu companheiro Nikolai Bulgánin que partiram para fazer amigos na Europa em 1955, e andaram de um lado para outro em ternos de verão purpúreos que combinavam entre si e deixaram o Ocidente maravilhado. Embora o desenvolvimento de boas relações com o Ocidente tenha sido prejudicado pelos acontecimentos na Hungria, a construção da imagem soviética no Terceiro Mundo estava na agenda deles: Khruschóv e Bulgánin foram à Índia em 1955, e numa visita de acompanhamento, o marechal Júkov foi fotografado montado num elefante.

Na visão ocidental, Khruschóv representava um toque cômico de classe baixa, opinião que também era, em boa medida, compartilhada na União Soviética. Isso era particularmente verdadeiro entre os intelectuais, mas um público soviético mais amplo também preferia mais seriedade em um líder. As disputas de liderança no contexto soviético, no entanto, não eram decididas pelo voto popular, e a aniquilação de Biéria por Khruschóv mostrou que um operador político astuto estava por baixo daquela camisa de camponês ucraniano. Em 1957, quando a maioria dos colegas do Politburo de Khruschóv tentou controlá-lo, ele virou a mesa e saiu vitorioso, aumentando o estrago ao rotular seus oponentes — entre eles Kaganóvitch e Mólotov, para quem o partido era tudo na vida — de "Grupo Antipartido". A derrota deles foi arquitetada numa reunião extraordinária do Comitê Central, o órgão que elegia formalmente o Politburo. Como na época de Stálin, muitos dos membros do Comitê Central eram secretários regionais do partido e, como Stálin, Khruschóv supervisionava as nomeações a partir de sua posição de chefe do secretariado em Moscou. Caso algo desse errado, Khruschóv tinha o marechal Júkov a seu lado, mas como tudo correu bem, nenhuma intervenção do Exército foi necessária.

Khruschóv sentia-se orgulhoso por ter comandado a primeira alteração de liderança soviética que não foi seguida por grandes represálias contra os derrotados. Com efeito, foi um precedente feliz, como Khruschóv sem dúvida teve motivos para refletir quando chegou sua hora sete anos depois. Toda a velha guarda, exceto Mikoian, foi eliminada do Politburo e enviada para cargos inferiores longe de Moscou: Kaganóvitch foi dirigir uma fábrica de potássio nos Urais; Malenkov, uma estação hidrelétrica no Cazaquistão; e Mólotov foi ser embaixador soviético na Mongólia Exterior. (Malenkov e Mólotov, exibindo exemplar disciplina partidária e ética de trabalho, se saíram tão bem em seus novos cargos que tiveram de ser transferidos para postos inferiores).

A era Khruschóv

Ainda que não tenha sido o criador das reformas pós-Stálin, como muitas vezes se afirma, Khruschóv foi um inovador enérgico — e às vezes, de acordo com seus detratores, um "planejador maluco" — que comandou a União Soviética em seus anos de maior sucesso econômico. O PIB cresceu a uma taxa de quase 7% ao ano ao longo da década de 1950, em comparação com menos de 3% nos Estados Unidos (o PIB soviético, reconhecidamente, começou de uma base mais baixa); a produção industrial em 1960 era quase três vezes maior do que havia sido em 1950 e quase cinco vezes o nível de 1940; e a produção agrícola também aumentou. Mais da metade da população soviética era urbana em 1962; a alfabetização dos adultos, não muito acima de 50% em meados da década de 1920, estava agora próxima de 100%. Novos bens de consumo começaram a chegar à população urbana e até mesmo à rural: em 1965, 32% das residências tinham televisores, 17%, geladeiras, e 29%, máquinas de lavar. A expectativa de vida, que era inferior a quarenta anos em meados da década de 1920, estava, vinte anos depois, na casa dos sessenta — perto de alcançar a dos Estados Unidos, que na década de 1920 haviam estado muito à frente. Pela única vez na história soviética, a afirmação (feita em voz alta por Khruschóv) de que a União Soviética logo alcançaria e superaria o Ocidente parecia realmente plausível.

Como reformador, o forte de Khruschóv era pensar grande. Sua própria experiência administrativa formadora ocorrera no apogeu do primeiro Plano Quinquenal de Stálin e da revolução cultural do início da década de 1930, e esse foi o espírito que ele tentou retomar. Seu ambicioso programa de Terras Virgens foi projetado para pôr o cultivo de grãos em extensas áreas do Cazaquistão, não apenas por meio de grandes investimentos estatais, mas também por meio da mobilização do entusiasmo e do espírito aventureiro dos jovens. Era *assim* que se construía o socialismo, na visão de Khruschóv. Ele nunca esqueceu a "alegria e emoção" de uma campanha que, como escreveu, um pouco triste, em suas memórias pós-aposentadoria, "nos mostrou o quão poderoso nosso partido poderia ser se tivesse a confiança do povo". Tribunais de camaradas em nível local e *drujínniki* voluntários (algo como uma versão soviética da vizinhança solidária) são outros exemplos da participação popular incentivada nos anos de Khruschóv. A adesão ao partido passou de pouco menos de 7 milhões em 1954 para 11 milhões em 1964 — ainda predominantemente masculina, mas com mulheres chegando a 21% dos membros.

Na verdade, os *drujínniki* podiam tornar-se intimidadores de não conformistas, e a versão de Khruschóv de socialismo participativo incluía campanhas contra "parasitas sociais" — pessoas que não trabalhavam, mas ganhavam a vida à margem da economia cinzenta. Fiel ao espírito da revolução cultural de sua juventude, Khruschóv também reverteu a tendência do pós-guerra de maior tolerância à religião e fechou igrejas, assediou o clero e introduziu cursos obrigatórios de "ateísmo científico" nas universidades. Nas aldeias, os propagandistas diziam que os cosmonautas tinham ido ao espaço, mas não haviam visto nenhum sinal de Deus. O espaço vazio onde outrora ficava a catedral de Cristo Salvador em Moscou (destinada na década de 1930 a um Palácio dos Sovietes que nunca foi construído) foi transformada numa notável piscina ao ar livre durante todo o ano, onde os nadadores de inverno eram protegidos do ar gelado de fora por uma camada de vapor.

Para Khruschóv, a União Soviética era um produto da revolução dos trabalhadores, e ele nunca perdeu sua identificação com operários e camponeses. As políticas de ação afirmativa que o levaram à Academia Industrial em 1930 havia muito tinham desaparecido da União Soviética propriamente dita (embora a Europa Oriental, bem como os territórios incorporados à União Soviética em 1939, tenha tido um gostinho delas após a guerra), mas elas ainda pareciam boas para Khruschóv e, para desgosto dos educadores e da intelligentsia, ele as reviveu, embora com sucesso apenas parcial.

A educação primária já havia se tornado quase universal na década de 1930; nas décadas de 1950 e 1960 era o ensino secundário que estava se expandindo aos trancos e barrancos. Entre 1939 e 1959, a porcentagem da população com dez anos de idade ou mais e alguma educação pós-primária mais do que triplicou, e o crescimento continuou no período intercensitário seguinte: a porcentagem dos graduados do ensino médio de vinte a 29 anos de idade dobrou entre 1959 e 1970, passando para 53%.

A União Soviética sempre aspirou a ser um Estado de bem-estar social (embora nunca tenha usado o termo), mas no período de Khruschóv isso começou a se tornar uma realidade. Em 1960, quando o economista britânico Alec Nove perguntou se "a União Soviética [era] um Estado de bem-estar", tratava-se de uma questão nova na sovietologia. A resposta de Nove foi afirmativa, e ele citou as pensões por velhice e invalidez (aumentadas e universalizadas por uma reforma de 1956), os subsídios para doença e maternidade, férias remuneradas e redução da semana de trabalho (inclusive uma mudança no sentido de reintroduzir o "fim de semana" sem trabalho, abolido pela revolução). O número de beneficiários de pensões por velhice e invalidez passou de 1 milhão para 14 milhões entre 1959 e 1970.

Foi na habitação urbana que Khruschóv lançou seu projeto de bem-estar social mais ambicioso. Desde a década de 1920, praticamente nenhuma nova habitação fora construída e a população urbana estava espremida em apartamentos comunais lotados ou, no caso de estudantes e trabalhadores solteiros recém-chegados das aldeias, dormitórios e quartéis. Khruschóv iniciou um programa de construção em massa, usando materiais pré-fabricados, que permitiu que mais de 100 milhões de pessoas se mudassem para novos apartamentos entre 1956 e 1965. É claro que havia problemas com os onipresentes blocos de cinco andares — apelidados de *khruschóbi*, um trocadilho com a palavra russa para favelas (*truschóbi*) — que surgiram em novos "microdistritos", os quais deveriam ser servidos por lojas e sistemas de transporte recém-construídos, mas inicialmente não o foram. Porém, isso significava que 100 milhões de famílias tinham agora sua própria mesa de cozinha e até, com sorte, quartos separados para pais e filhos.

Sentar-se à mesa da cozinha — ou seja, socializar com a família e amigos num espaço privado — pode ser um emblema do período Khruschóv, pois possibilitou o surgimento do que no Ocidente se chamava sociedade civil, uma coisa separada do Estado, em que uma opinião pública poderia crescer. Também contribuíram para esse crescimento as novas, embora limitadas, possibilidades de viajar para o exterior, à medida que foram relaxadas as fronteiras firmemente fechadas que, sob Stálin, mantinham a cultura ocidental e os espiões à distância.

Em 1939, a União Soviética tinha pouco menos de 5 milhões de colarinhos-brancos com educação superior (3% da força de trabalho), mas em 1959 eram 8 milhões, e em 1970, 15 milhões (6% da força de trabalho), e esse número estava crescendo. Aos olhos ocidentais, isso parecia uma classe média, mas que tinha más conotações ("burguesia") na União Soviética. Então, usava-se o termo "intelligentsia" — e talvez algo do idealismo e do alto senso de missão moral de seu predecessor pré-revolucionário tivesse sobrevivido dentro do grupo, embora a maioria de seus membros fosse agora filhos de operários e camponeses educados na União Soviética.

Na cultura, o período de Khruschóv é lembrado como o Degelo (em homenagem ao romance homônimo de Iliá Ehrenburg), sugestivo do derretimento do gelo e da neve após um inverno rigoroso. Como qualquer pessoa que esteve na Rússia durante um degelo real saberá, ele gera muita lama, e todo tipo de lixo escondido sob a neve durante o inverno aparece de

Novos conjuntos habitacionais em Moscou, 1963.

repente, exalando mau cheiro, e precisa ser limpo. O Discurso Secreto de Khruschóv foi parte desse processo. Mas o Degelo também tem outro aspecto, a saber, a excitação quase visceral associada aos primeiros sinais de primavera após o duro inverno russo. Havia uma sensação inebriante de que tudo era possível — até mesmo o comunismo, cuja chegada dentro de vinte anos Khruschóv previu precipitadamente em 1961.

Para os intelectuais, parecia não só que se tornara possível escrever coisas que antes eram proibidas, mas que isso era um dever cívico. O romance de Vladímir Dúdintsev, *Nem só de pão vive o homem*, criticou os "burocratas" que eram inimigos da criatividade. A novela autobiográfica baseada no gulag de Aleksandr Soljenítsin, *Um dia na vida de Ivan Deníssovitch*, foi aprovada por Khruschóv para publicação na revista *Nóvi Mir* após uma daquelas batalhas épicas com o censor que marcaram o período. Quando algo "ousado" aparecia em um dos periódicos, todos corriam para comprar um exemplar; quando os censores bloqueavam a publicação, a notícia se espalhava boca a boca por toda Moscou e Leningrado. Havia experimentação formal também nas artes (uma exposição da obra de Picasso causou sensação em Moscou), mas o impulso de "dizer a verdade" predominava. Evguiêni Evtuchenko lia seus poemas em estádios esportivos para milhares de pessoas. As estreias das novas obras de Dmítri Chostakóvitch, amplamente entendidas como protestos contra a repressão estatal ao artista solitário, levavam o público às lágrimas. Os historiadores redescobriram um "Lênin democrático" como um exemplo para o presente; os advogados, um Lênin com respeito pela legalidade, e os economistas, um Lênin cuja NEP possibilitara um renascimento parcial de uma economia de mercado.

Khruschóv obteve um enorme sucesso nacional e internacional quando o programa espacial soviético lançou o Sputnik em 1957 e depois, em 1961, fez de Iúri Gagárin o primeiro homem no espaço. Isso abalou os Estados Unidos, que, como aconteceu com a tecnologia das armas atômicas e de hidrogênio alguns anos antes, supunha ter o monopólio natural da exploração espacial. Khruschóv ficou muito empolgado com sua primeira visita aos Estados Unidos em 1959: tudo o que viu o fascinou, de arranha-céus e rodovias a capitalistas ("saíram direto dos cartazes pintados durante nossa guerra civil, só que não tinham os focinhos de porcos que nossos artistas sempre lhes deram"). O Ocidente também ficou fascinado por ele, embora as reações fossem contraditórias. Quando Khruschóv tirou um sapato e bateu no púlpito nas Nações Unidas em resposta a uma sugestão de que a União Soviética agia como imperialista na Europa Oriental, isso foi visto como grosseiro tanto em casa como no exterior. Sua famosa provocação de que "a história está do nosso lado. Vamos enterrar vocês" foi lida como uma ameaça, e não como o que realmente era: uma reafirmação raivosa de um truísmo marxista (o socialismo sucede historicamente ao capitalismo).

Mas havia muitas coisas que não seguiam o caminho soviético nas relações internacionais. A China, a única outra grande potência a ter instalado um regime comunista, por meio da revolução em 1949, derrubou a tutela da "irmã mais velha", expulsou os conselheiros soviéticos e dividiu o movimento comunista mundial em 1961. A Alemanha continuava a ser um problema crônico da Guerra Fria, sendo a República Democrática Alemã parte do bloco soviético e a República Federal da Alemanha um cliente americano. Berlim Ocidental, quase uma paródia das luzes brilhantes e dos inferninhos do capitalismo, mostrou-se tão atraente que o Muro de Berlim teve de ser construído para manter os alemães orientais na fazenda, ou pelo menos para mantê-los produzindo "trabalho de qualidade alemã" em fábricas que eram as melhores do bloco soviético.

Khruschóv bate com o sapato na
Assembleia Geral da ONU, 1960.

Khruschóv talvez às vezes tenha sido visto pelo Ocidente como uma ameaça de guerra, mas, na verdade, ele manteve um controle bastante rígido sobre os gastos militares. Numa conversa particular com Eisenhower, os dois concordaram que "os líderes das Forças Armadas podem ser muito persistentes em reivindicar sua parte quando chega a hora de alocar fundos", e Khruschóv não era de forma alguma sensível aos lobistas militares. Ele reduziu o Exército para menos de 2,5 milhões (justificando essa medida com o argumento de que, no mundo moderno, eram os mísseis que contavam, não as tropas terrestres) e reduziu os gastos totais e o salário dos oficiais. Até afastou seu ex-amigo marechal Júkov, supostamente por suspeita de ambições bonapartistas — um ato particularmente ingrato, embora prudente, uma vez que foi o próprio Khruschóv quem trouxe Júkov para a política ao buscar seu apoio nas ações contra Biéria e o "Grupo Antipartido".

Nas repúblicas

O programa partidário de outubro de 1961 incluía uma nova formulação ideológica sobre a questão nacional: a aproximação (*sblijénie*) das nacionalidades soviéticas acabaria por produzir fusão (*sliiánie*), resultando numa única identidade soviética. Mas isso era um lembrete de um objetivo de longo prazo, não um sinal de que a força estava prestes a ser aplicada. Na prática, o efeito do Degelo de Khruschóv foi estimular um renascimento das culturas nacionais, livres dos rígidos limites dos controles stalinistas, mas não antissoviéticos, e generosamente financiadas pelo Estado soviético. Os programas soviéticos de ação afirmativa da década de 1930 estavam dando frutos na forma de novas elites nativas, treinadas pelos soviéticos, mas com suas cores étnicas particulares. Cada vez mais, essas elites administravam suas repúblicas, às vezes com um deles no cargo de primeiro-secretário da república. Mas como isso se via na prática, variava muito, dependendo de para qual república se olhava.

A Ucrânia se saiu bem sob Khruschóv. De seu período de serviço naquela república, ele tinha muitos amigos políticos ucranianos que não só apoiou na liderança local, como também levou para Moscou em posições de destaque. As suspeitas de Stálin sobre os ucranianos resultaram em sua sub-representação no Comitê Central em Moscou, mas a quantidade deles aumentou rapidamente sob Khruschóv (de dezesseis em 1952 para 59 em 1961, produzindo um ligeiro excesso de representação em termos de participação total da população). Potência industrial antiga, a Ucrânia estava de volta ao jogo, com maior controle republicano, após uma rápida reconstrução pós-guerra de sua indústria. Em 1954, cumprindo uma ambição que havia formulado em 1944, quando era o líder do partido ucraniano, Khruschóv organizou a transferência administrativa da Crimeia, da Rússia para a Ucrânia (armazenando problemas para o futuro pós-soviético).

As repúblicas da Ásia Central, criadas um tanto artificialmente no início da década de 1920, estavam começando a desenvolver um senso de particularidade nacional. Isso coexistia com a identidade compartilhada ditada pela geografia e um "modo de vida islâmico" — abraçando rituais de casamento e morte, circuncisão masculina, festivais e família patriarcal — que havia sobrevivido em grande parte aos desafios das décadas de 1920 e 1930. Khruschóv visitava a região e gostava de mostrá-la ao Terceiro Mundo como um exemplo da política de desenvolvimento soviética. Em termos de fluxo de recursos entre Moscou e a Ásia Central, esta última foi a vencedora. Construíram-se barragens e obras de infraestrutura, e as diferentes repúblicas competiam em Moscou por sua parte e, desse modo, reforçavam um senso de distinção nacional em relação às outras. O líder uzbeque Nuritdin Mukhitdinov, um dos apoiadores regionais de Khruschóv em seu confronto com o Grupo Antipartido, foi o primeiro centro-asiático eleito para o Politburo.

A Letônia havia se irritado com a reimposição do domínio soviético em 1945, e embora seu líder nas décadas de 1940 e 1950 fosse um letão — o velho bolchevique Jānis Kalnbērziņš, que passou parte do período entreguerras em Moscou —, o Partido Comunista local, como outros no Báltico, lutou por credibilidade em face do ressentimento popular do domínio "russo". A liderança do partido letão foi uma das duas elites republicanas acusadas de nacionalismo em 1959 — e, de fato, *estava* se inclinando para políticas discriminatórias contra os russos num esforço para aumentar sua legitimidade junto à população letã. O outro governo republicano com problemas em 1959 foi o do Azerbaijão, onde uma liderança desafiadora havia, contrariamente à lei federal, tornado obrigatório o estudo da língua azeri em todas as escolas da república, inclusive aquelas que serviam a minorias nacionais consideráveis (russa, armênia, georgiana). Eles também foram julgados culpados de nacionalismo econômico, principalmente em virtude de se opor à construção do gasoduto Kara-Dag para Tbilisi, quando o presidente do Conselho de Ministros do Azerbaijão declarou: "Este gás é nosso e não podemos entregá-lo aos georgianos".

Em contraste com a Ucrânia, o Cáucaso em geral sofria de uma perda de status na União após a morte de Stálin e a desgraça de Biéria: enquanto georgianos e armênios estiveram super-representados no Comitê Central Soviético nos últimos anos da vida de Stálin, a representação dos caucasianos já estava reduzida pela metade em 1961. Em suas próprias repúblicas, entretanto, eles faziam as coisas do seu jeito. A Geórgia, com o georgiano Vassíli Mjavanadze entrincheirado como primeiro-secretário por quase duas décadas, tornou-se conhecida tanto pela opressão nacionalista de minorias locais, como os abecásios e ossetas do sul, quanto pela corrupção. Um grau tão alto de iniciativa privada foi tolerado a ponto de fazer os turistas se perguntarem se eles haviam deixado a União Soviética inadvertidamente.

Em geral, Khruschóv era a favor de dar mais liberdade de ação às lideranças regionais. De seus dias de secretário do partido numa república, ele se lembrava do aborrecimento das instruções intermináveis dos burocratas ministeriais de Moscou, que não entendiam as condições concretas, e achava que os secretários regionais do partido deveriam ter espaço para seguir seu próprio julgamento. Em 1957, ele aprovou um plano para dissolver os ministérios industriais centrais e criar conselhos econômicos regionais (*sovnarkhózi*) em seu lugar — um movimento que teve o benefício colateral de enfraquecer os burocratas do governo central (que não faziam parte de sua base de poder) e fortalecer os secretários regionais do partido (que eram de sua base). Essa reforma pisou em vários dedos burocráticos e encontrou grandes problemas de implementação, mas em 1962 Khruschóv tentou ir mais longe, e dividiu os comitês regionais do partido para cuidar respectivamente da agricultura e da indústria, cada ramo tendo seu primeiro-secretário. Isso significava pisar nos dedos de sua própria base de poder. Um terço dos comitês regionais do partido nunca se dividiu, e todo o programa, considerado um dos "esquemas malucos" de Khruschóv, foi abandonado imediatamente após sua queda.

A queda de Khruschóv

Mikoian, embora geralmente aliado de Khruschóv, achava que ele "havia ficado convencido" depois de sua vitória sobre o Grupo Antipartido e começara a achar que "não precisava levar ninguém em conta". Mas havia, na verdade, um Politburo a ser considerado, para não mencionar algo como uma opinião pública. Os colegas do Politburo estremeceram quando, em vários encontros com os intelectuais, destinados a uma abertura para a "sociedade civil", Khruschóv perdeu a calma, disse que a arte moderna era "merda de cachorro", chamou o escultor Ernst Neizviéstni de "bicha" e entrou numa discussão aos berros com Evtuchenko. Mais abaixo na escala social, as conversas do povo monitoradas pela polícia de segurança estavam se tornando cada vez mais desrespeitosas, com uma abundância sem precedentes de piadas e epítetos sobre Khruschóv, como "vendedor de milho", "comediante", "trapaceiro", "usurpador", "tsar Nikita" e até "trotskista".

Dois eventos colocaram os pregos em seu caixão político. O primeiro foi uma greve dos trabalhadores em Novotcherkassk, no Sul da Rússia, no verão de 1962, provocada por um aumento das cotas de produção que coincidiu com o aumento muito ressentido do preço da carne e da manteiga. Em outro

Khruschóv na exposição de arte no Manège de Moscou, 1962.

país, em outra época, isso poderia parecer uma notícia meio enfadonha, mas na União Soviética não havia greves e tumultos (Tbilisi, em 1956, foi uma rara exceção), então foi um choque, e a liderança regional lidou mal com isso. As tropas abriram fogo contra os manifestantes do lado de fora do prédio do comitê do partido em Novotcherkassk, resultando em pelo menos 24 mortes.

O pior estava por vir no cenário internacional com a crise dos mísseis cubanos em novembro de 1962. O governo pró-soviético de Fidel Castro pedira ajuda militar soviética contra um possível ataque americano, e Khruschóv enviou secretamente alguns mísseis nucleares intercontinentais do pequeno estoque da União Soviética. Ele não estava planejando começar uma guerra, mas pretendia dissuadir os americanos da ação militar, para não mencionar que queria mostrar-lhes como era "ter mísseis inimigos apontados para você [ele estava pensando nos na Turquia ...] dando-lhes um pouco de seu próprio remédio". O presidente americano John Kennedy blefou, ameaçando uma guerra nuclear se Khruschóv não recuasse e removesse os mísseis, e depois de um tenso impasse, Khruschóv obedeceu. Para um mundo que observava horrorizado, parecia que a competição de superpotências as havia levado à beira da catástrofe. Os colegas de Khruschóv no Politburo tiveram a mesma reação — mais a humilhação por ter sido a União Soviética que piscara e a raiva por Khruschóv tê-los colocado naquela situação.

O septuagésimo aniversário de Khruschóv, em abril de 1964, marcou o auge de seu culto público, mas àquela altura seus camaradas estavam totalmente fartos dele. Leonid Bréjnev, protegido de Khruschóv, que havia chefiado o comitê do partido no Cazaquistão durante o programa Terras Virgens e agora estava de volta a Moscou como membro do Politburo

Túmulo de Khruschóv no cemitério de
Novodiévitchi, em Moscou, com um busto
esculpido por Ernst Neizviéstni.

e segundo-secretário do partido, assumiu a liderança, alinhando discretamente membros do Politburo em apoio à demissão de Khruschóv. Vladímir Semitchástni, da KGB, estava no circuito e trocou os guardas pessoais de Khruschóv como proteção, mas foi um seguro desnecessário. Em outubro, após uma discussão de dois dias em que seus colegas criticaram sua falta de colegialidade e seus erros de julgamento, Khruschóv, surpreso, deu uma resposta atrapalhada. Ele foi destituído de seus cargos por meio de um procedimento totalmente democrático: o voto unânime do Politburo.

Khruschóv viveu os sete anos restantes de sua vida como pensionista em Moscou (uma novidade para um líder deposto) e, após um período de desmoralização, começou a ditar suas memórias. Isso talvez não tenha sido exatamente uma novidade, porque Trótski já o havia feito antes, mas, ao contrário de Trótski, Khruschóv permaneceu leal e tomou cuidado para não revelar segredos de Estado, embora fosse franco e muitas vezes engraçado ao falar de seus camaradas. Como seu ex-redator de discursos, Fiódor Burlátski, comentou mais tarde, a autoconfiança inflada de seus últimos anos na política havia desaparecido, e ficou o senso comum e a curiosidade camponesa. No entanto, ainda eram tempos soviéticos, então era óbvio que as memórias não podiam ser publicadas no país. O manuscrito foi contrabandeado para o exterior e publicado nos Estados Unidos, tornando-se um best-seller internacional. Os políticos soviéticos evitavam Khruschóv em sua aposentadoria, mas ele inesperadamente fez amizade com alguns artistas e escritores que não tinham medo de visitá-lo. Um deles foi Neizviéstni, alvo do desprezo de Khruschóv em 1962. O busto que marca o túmulo de Khruschóv no Cemitério Novodiévitchi de Moscou é obra dele.

6.
O período Bréjnev

O Politburo se livrou de Khruschóv porque ele violara o princípio da colegialidade; então, naturalmente, o que o substituiria teria de ser uma "liderança coletiva". Ela era encabeçada por uma troika: Leonid Bréjnev, organizador da demissão, que com a saída de Khruschóv passou a ser o primeiro-secretário do partido (e, a partir de 1966, secretário-geral); Aleksei Kossíguin à frente do Conselho de Ministros; e o ucraniano Nikolai Podgórni, na chefia do Presidium do Soviete Supremo. Kossíguin foi muito reconhecido desde o início como o patrocinador da reforma econômica e do lado consumidor da economia, mas sua estrela política se apagou junto com a reforma econômica durante o fim da década de 1960 e, em 1977, Podgórni também foi marginalizado. Assim, foi Bréjnev quem acabou por assumir a liderança do Estado e do partido e, em seus últimos anos, cobriu-se (ou foi coberto por seus camaradas) com honras e condecorações, particularmente militares. Foi um longo período — quase vinte anos —, mas marcado nos cinco anos anteriores à sua morte, em 1982, pelo declínio da sua capacidade física e mental, que a aparição cada vez mais débil na televisão tornou muito visível para o público.

Leonid Bréjnev, de família operária russa, nasceu na Ucrânia em 1906 e formou-se em engenharia no início da década de 1930; iniciou sua carreira política na organização partidária ucraniana sob o comando de Khruschóv e foi primeiro-secretário em Dnepropetrovsk, na Moldávia e no Cazaquistão antes de se mudar para Moscou como membro suplente do Politburo, no início de 1956. Pragmatista cauteloso, sem pretensões intelectuais, era visto por muitos como medíocre e, à medida que se tornou conhecido do público, foi alvo de muitas piadas. Mas também era capaz de brincar consigo mesmo: quando um redator de discursos queria inserir citações de Marx em um de seus discursos públicos, ele supostamente objetava: "Qual é o sentido disso? Quem vai acreditar que Liónia Bréjnev leu Marx?". Esse "Liónia" (uma forma familiar de Leonid) era típico do homem: era como seus colegas do Politburo se dirigiam a ele, enquanto ele, por sua vez, os chamava de Iúra (Iúri Andrópov), Kóstia (Konstantin Tchernenko), Andriúcha (Andrei Gromiko) e assim por diante. Vladímir Ilítch (Lênin), Ióssif Vissariónovitch (Stálin) e até Nikita Serguéievitch (Khruschóv) teriam achado que isso era familiar demais.

Leonid Bréjnev com suas
condecorações de guerra, 1972.

Embora Bréjnev manobrasse para ter primazia entre seus pares, como Stálin e Khruschóv haviam feito antes dele, o processo foi livre de derramamento de sangue ou mesmo de exclusões muito duras do círculo interno (em geral, Bréjnev encontrava uma sinecura mais abaixo na cadeia do poder, sem perda de benefícios). Apesar do culto menor que se desenvolveu em anos posteriores, Bréjnev era basicamente um tipo muito mais compartilhador do que Khruschóv, de modo que havia bastante coletividade genuína no Politburo: reuniões e consultas habituais, sem "esquemas malucos" independentes, decisões coletivas e interações sociais e familiares, muitas vezes organizadas pelo próprio Bréjnev. Era um grupo que tinha muito em comum. Mais da metade era de origem operária ou camponesa e, como Bréjnev, havia sido enviado ao ensino superior por meio de programas de ação afirmativa, em geral para estudar engenharia. Como jovens graduados comunistas, eles se beneficiaram da rápida promoção disponível para aquela coorte após os Grandes Expurgos. O marxismo-leninismo era a ideologia que aprenderam na juventude, o que fazia da propriedade estatal dos meios de produção um dado adquirido, juntamente com a suspeita do Ocidente capitalista. Estiveram juntos durante a guerra, fosse em cargos no alto escalão do governo e do partido na frente interna ou, como Bréjnev, na posição de oficiais políticos nas Forças Armadas.

A era Bréjnev pode ter sido a melhor dos tempos soviéticos ou a mais chata, dependendo do ponto de vista. Mas ninguém jamais disse que foi o pior dos tempos, e os líderes soviéticos tinham muitos motivos de satisfação, principalmente na década de 1970, antes que o país sentisse o impacto da estagnação das taxas de crescimento econômico. Foi o período em que a União Soviética alcançou pela primeira vez a paridade militar com os Estados Unidos e competiu em igualdade de influência no Terceiro Mundo. Tornou-se uma grande produtora de petróleo, e o preço do produto no mercado internacional dobrou na segunda metade da década de 1970, para sua grande vantagem. O PIB soviético continuou a crescer, tanto em termos absolutos quanto em relação a outras potências, e chegou o mais próximo do dos Estados Unidos no início dos anos 1970 (ainda era pouco mais de um terço do PIB americano, mas em 1946 havia sido de apenas um quinto).

Na década de 1980, dois terços da população já viviam em vilas e cidades, em comparação com um terço na véspera da guerra. Não havia preocupação com o desemprego, e os aluguéis de moradias e preços dos alimentos básicos eram mantidos baixos. Graças ao programa de construção de apartamentos iniciado por Khruschóv, a proporção de famílias soviéticas que moravam em apartamentos separados com seus próprios banheiros quase dobrou em uma década. Todos os índices de bem-estar do consumidor subiram: se no início dos anos 1970, uma em cada duas famílias tinha TV e uma em cada três, geladeira, no final dos anos 1980 havia uma de cada por família. Carros particulares — desaprovados por Khruschóv — estavam se tornando disponíveis, mesmo que apenas para alguns poucos sortudos. A maioria das crianças rurais e urbanas podia agora frequentar o ensino secundário, enquanto a proporção da população com ensino superior mais que dobrou no período de Bréjnev, chegando a pouco menos de 10%. Desde a abertura das fronteiras soviéticas ao turismo no exterior em meados da década de 1950, centenas de milhares de cidadãos soviéticos tiveram a chance de se apaixonar por Paris, ou pelo menos por Praga. A vida tornou-se mais fácil para todos os grupos da população, particularmente nas cidades, não só porque as circunstâncias materiais estavam melhorando, mas também porque o regime havia abandonado o uso do terror aleatório e usado com moderação até medidas específicas de repressão.

Mas esse quadro róseo precisa de qualificação. A era Bréjnev não foi toda igual, e a primeira década — meados dos anos 1960 a meados dos 1970 — é que foi o ponto alto. Depois disso, foi ladeira abaixo, principalmente no que diz respeito à economia. De acordo com estimativas da CIA, a taxa de crescimento do PIB soviético caiu de quase 5% ao ano na década de 1960 para 2%-3% na de 1970 e menos de 2% na de 1980. Os altos preços do petróleo ajudaram a disfarçar o problema, mas o preço do petróleo não permanece alto para sempre. A elevação do padrão de vida nos anos 1960 e início dos 1970 gerou expectativas que aumentaram ainda mais rapidamente, estimuladas pelo maior conhecimento das condições de vida no Ocidente; o resultado foi a crescente decepção do consumidor. O alcoolismo, sempre um problema na União Soviética, cresceu de forma alarmante, com o consumo excessivo de álcool e o aumento do consumo de cervejas caseiras duvidosas, contribuindo para dobrar o número de mortes por envenenamento por álcool na década de 1970. A expectativa de vida masculina, que havia aumentado ininterruptamente durante o período soviético, começou a cair em meados da década de 1960, em consequência, sobretudo, do alcoolismo masculino (a expectativa de vida das mulheres não foi afetada): passou de 64 anos em 1965 para 61 em 1980, enquanto nos Estados Unidos, no mesmo período, a expectativa de vida masculina aumentou de 67 para setenta anos.

Até mesmo os sucessos tinham, às vezes, suas desvantagens. Toda essa expansão educacional produzira uma diferença geracional de dimensões potencialmente preocupantes: no final da década de 1980, mais de 90% das pessoas na faixa dos vinte anos tinham ensino médio ou superior, em comparação com menos de 40% das pessoas na faixa dos cinquenta anos — mas eram estes que dirigiam o país. Quando estudiosos americanos compararam os resultados de um projeto de

"Especialista em vodca": um cartaz de Kukriníksi
de meados da década de 1980 mostra um
trabalhador bêbado desmaiado ao lado de seu torno.

entrevista com emigrantes da década de 1970 com os do Projeto de Entrevistas de Harvard do pós-guerra, realizado no final da década de 1940, descobriram que os entrevistados mais jovens dos anos 1970 mostravam menor identificação com a União Soviética do que os mais velhos. O que os mais velhos saudavam como estabilidade talvez se parecesse mais com "petrificação" (para usar o termo popular entre alguns estudiosos ocidentais na época) ou "estagnação" (a caracterização posterior de Mikhail Gorbatchov) para os jovens. "Lá no cemitério é tão pacífico [...] tudo culto e decente [...] que bênção", era o refrão irônico de uma canção ("Na kládbische" [No cemitério]) cantada em encontros informais pelos bardos da época.

A economia

O maior problema de longo prazo era o sistema econômico. Planejamento central, metas de produção e forte centralização administrativa funcionaram bem como uma forma de impulsionar uma economia em desenvolvimento na década de 1930. Tudo isso teve um excelente desempenho como estrutura para a economia de guerra na década de 1940 e fez um bom trabalho na reconstrução da indústria e da infraestrutura após a guerra. Mas era muito menos adequado para o tipo de economia moderna complexa de que a União Soviética precisava a partir da década de 1960. O sistema soviético mostrou-se inóspito à inovação e, à medida que o ritmo da mudança tecnológica no mundo acelerava, começou a ficar para trás. As importações estrangeiras de tecnologia — um exemplo é o contrato de 1966 com a Fiat para construir uma fábrica de automóveis em Togliatti, no Volga — preencheram apenas parcialmente a lacuna. A eficiência variava muito entre os setores industriais, com as indústrias militar e espacial no topo. A produtividade do investimento de capital na indústria era muito baixa para os padrões mundiais, e a produtividade do trabalho ainda pior, tanto na indústria quanto na agricultura. A produção agrícola cresceu na primeira década após 1964, mas depois entrou em uma faixa ligeiramente negativa, e a produtividade era baixa tanto nas fazendas coletivas quanto nas estatais, onde os trabalhadores recebiam salário. Uma mudança parcial do modelo de fazenda coletiva em direção a fazendas estatais de grande escala, exemplificado no programa Terras Virgens de Khruschóv no Cazaquistão, aumentou a área plantada, mas não conseguiu resolver o problema da produtividade.

Após ouvir conselhos de economistas reformistas, Kossíguin tentou introduzir elementos de mercado na economia planificada em meados da década de 1960, principalmente substituindo a produção pelas vendas (lucro) como indicador do desempenho da empresa. Algo assim foi tentado com sucesso considerável na Hungria sob a rubrica do Novo Mecanismo Econômico (NME), que evocava lembranças da fase de mercado da própria União Soviética na década de 1920 (NEP). Mas, na União Soviética, onde o sistema de planejamento centralizado estava mais arraigado, os esforços de reforma fracassaram, em grande parte devido à resistência dos gerentes industriais. As empresas estavam acostumadas a ser avaliadas em termos de produção bruta, o que significava que não tinham incentivos para melhorar a qualidade ou responder à demanda. À medida que os índices de crescimento econômico começaram a cair, na segunda metade da década de 1970, todos reconheceram que havia um problema, mas a liderança de Bréjnev não ofereceu solução. Talvez uma resposta mais radical fosse necessária no futuro, mas, enquanto isso, por que balançar o barco? Especialmente quando a União Soviética estava flutuando em um mar de petróleo, com seus preços nas alturas.

Um dos segredos inconfessáveis da economia planejada soviética era que seu funcionamento dependia de um mercado clandestino, que de fato, ainda que não fosse totalmente legal, levava as mercadorias de seus produtores para as pessoas que precisavam delas. As empresas industriais participavam disso, usando agentes e fechando acordos para obter as matérias-primas de que precisavam, e o mesmo faziam os cidadãos comuns. Amigos nos lugares certos ajudavam a obter os produtos e serviços de que se precisava debaixo dos panos. Às vezes, era dinheiro o que mudava de mãos nessas transações, mas a moeda principal era uma troca corrente de favores. *Blat* era o termo usado na União Soviética, o equivalente ao *guanxi* na China; os sovietólogos ocidentais a chamavam de "a segunda economia". Ela existia desde o final dos anos 1920, em grande parte despercebida no Ocidente, e isso significava que a União

"Quem vai vencer quem?": o slogan de Lênin sobre a guerra de classes entre o proletariado e a burguesia é usado com ironia nesta caricatura de 1979, de K. Nevler e M. Ushats, sobre o consumo competitivo.

Soviética havia, na verdade, mantido um setor privado após o fim da NEP, embora não oficial. Mas sua ilegalidade significava que o país estava profundamente enredado com a corrupção (subornos e favores a funcionários estavam entre os métodos usados para obter acesso a bens escassos) e a criminalidade (os bens vendidos na segunda economia eram geralmente roubados da primeira).

No período de Bréjnev, o acesso legal a bens básicos já havia melhorado. Mas, nesse meio-tempo, os consumidores desenvolveram o gosto por muitos bens que *não* eram necessidades, e esses bens desejáveis estavam sempre em falta. Além do cultivo de conexões úteis, os membros da nova classe média tinham várias maneiras de chegar à frente da fila. As elites regionais sempre pressionaram por lojas especiais de acesso fechado e clínicas médicas para uso próprio, às vezes com aprovação central e às vezes sem, mas agora o número de tais instalações se multiplicara, não apenas para altos funcionários, mas também para escritores, físicos e esportistas com status de elite. Pequenos negócios privados executados fora de casa (confecção, eletricista, conserto de automóveis) floresciam mais ou menos legalmente, desde que não houvesse mão de obra contratada envolvida. Persistia o velho hábito soviético de supor que a apropriação individual de propriedade do Estado era algo completamente diferente de roubo — mas agora, em vez de apenas pegar tijolos e canos dos canteiros de obras do Estado, poderia ser o caso de desviar gasolina das limusines oficiais para carros particulares.

"Confiar nos quadros" foi o slogan lançado por Bréjnev no XXIII Congresso do Partido, em 1966, sinalizando uma política central de não interferência, segundo a qual os líderes regionais e distritais em geral administravam seus próprios assuntos, raras vezes eram rebaixados e, se rebaixados, não eram punidos seriamente. Isso assegurou a estabilidade dentro da burocracia, mas também encorajou a corrupção nas elites dominantes, o que era particularmente perceptível nas repúblicas da Ásia Central e do Cáucaso.

Relações exteriores

A liderança de Bréjnev professava um compromisso com a paz, como todas as lideranças soviéticas anteriores, e não havia razão para pensar que era menos avessa à guerra em grande escala do que seus antecessores — exceto por sua taxa extraordinariamente alta de gastos militares, que excedia os níveis de governos anteriores. Em 1985, havia quase 6 milhões de homens nas Forças Armadas soviéticas, duas vezes mais do que em 1960, o que fazia delas as maiores do mundo. O ministro da Defesa, marechal Andrei Gretchko, era membro do Politburo desde 1973 — o único militar além de Júkov, brevemente em meados da década de 1950, a ter essa posição. Embora a antiga relação subserviente das Forças Armadas com o partido permanecesse basicamente inalterada, Bréjnev se dava bem com os militares e, em geral, dava-lhes o que queriam.

A liderança pós-Khruschóv herdou uma situação internacional tensa: bases americanas com armas nucleares de médio alcance cercavam a União Soviética e políticos americanos manifestavam preocupação sobre uma "diferença de mísseis" favorável aos soviéticos (embora a balança do terror pendesse claramente para o lado americano). Berlim ainda era um ponto de conflito, e a eclosão de uma terceira guerra mundial parecia ter sido evitada por pouco na recente crise dos mísseis cubanos. Reagindo ao recuo humilhante em Cuba, os militares soviéticos argumentavam que era necessário um grande reforço para poder enfrentar os Estados Unidos e proteger os aliados soviéticos no futuro. Seguiu-se um debate "armas versus manteiga" no Politburo, mas as armas venceram. O envolvimento dos americanos na Guerra do Vietnã, tentando sustentar o fracassado governo anticomunista no Sul, aumentou acentuadamente em meados da década de 1960, e as tensões se intensificaram quando a União Soviética começou a dar assistência militar ao Vietnã do Norte em 1965. A retórica americana dizia que o Vietnã era uma "peça de dominó" cuja queda para o comunismo faria com que outros regimes pós-coloniais instáveis seguissem o mesmo caminho.

Mas àquela altura, na esteira da divisão sino-soviética, a preeminência soviética no comunismo mundial não era mais indiscutível. Os soviéticos e os chineses apoiavam o Norte no Vietnã, mas a China — cuja ascensão internacional foi reconhecida quando assumiu seu assento no Conselho de Segurança da ONU em 1971 — estava definitivamente seguindo sua própria agenda no Terceiro Mundo, muitas vezes em concorrência tanto com a União Soviética quanto com os Estados Unidos. Em 1969, as tensões entre a União Soviética e a China sobre reivindicações territoriais conflitantes levaram a confrontos armados na fronteira do rio Ussuri. Em meados da década de 1970, os chineses chamavam a União Soviética não só de potência "imperialista" no Terceiro Mundo, mas também de a mais perigosa das duas superpotências imperialistas.

A Europa Oriental exacerbava as tensões da Guerra Fria, tanto porque os Estados Unidos — e seus lobbies étnicos internos — consideravam a existência de regimes do tipo soviético como ilegítima quanto porque as populações desses países se inclinavam para uma visão semelhante. A Hungria havia lançado seu desafio e sido derrotada em 1956, e o mesmo havia acontecido em menor escala com a Polônia nesse ano. Mas, no fim dos anos 1960, o problema era a Tchecoslováquia, historicamente um dos países mais pró-socialistas e pró-soviéticos do bloco. Quando, em 1968, o líder comunista reformado, Alexander Dubček, tentou introduzir o "socialismo com rosto humano" (significando uma redução do domínio do partido e da polícia), a União Soviética enviou tanques. Isso teve repercussões danosas no mercado interno (já que horrorizou grande parte da intelligentsia de Moscou e Leningrado) e na Europa Oriental, bem como nas relações soviéticas com os Estados Unidos. Uma nova "doutrina Bréjnev" sustentava que a União Soviética poderia intervir para salvar o "socialismo" sempre que estivesse ameaçado, o que equivalia a uma afirmação de que qualquer país do bloco soviético não podia sair dele. Isso era particularmente ofensivo para os tchecos, pois, ao contrário dos húngaros em 1956, eles não estavam de fato tentando deixar o bloco soviético ou abandonar o socialismo — embora, se as reformas tivessem sido implementadas, as intenções pudessem ter mudado mais tarde.

O fortalecimento militar do regime de Bréjnev acompanhou, alguns pensaram que de maneira contraditória, a busca pela détente, por um relaxamento das tensões da Guerra Fria, por mais contatos de alto nível com os Estados Unidos e acordos mútuos de controle de armas. Houve algum progresso nessa direção no início da década de 1970, com um acordo sobre Berlim assinado em 1971 e um tratado de limitação de armas estratégicas (Salt I) no ano seguinte. A figura suave de Gueórgui Arbátov, chefe do Instituto de Estudos Americanos que fora um dos conselheiros de Khruschóv, tornou-se uma presença familiar nos Estados Unidos, onde defendeu a détente perante especialistas em segurança e, via televisão, perante o público americano. Mas a hostilidade e a suspeita dos americanos em relação à União Soviética eram profundas, assim como sua equivalente no lado soviético, e a détente estagnou na segunda metade da década de 1970, após a humilhante retirada americana do Vietnã. A União Soviética era então uma concorrente ativa dos Estados Unidos pela influência no Terceiro Mundo, e seu prestígio aumentou com o apoio ao movimento de libertação no Vietnã e às forças nacionalistas anticoloniais que desafiavam governos pró-americanos na África, no Oriente Médio e na América Central. Houve reveses de ambos os lados nessa competição geopolítica: para os soviéticos, a vitória israelense sobre as nações árabes (Egito, Síria e Jordânia) na Guerra dos Seis Dias de 1967; para os Estados Unidos, a derrubada do xá do Irã, apoiado pelos americanos, por muçulmanos radicais em 1979.

A Guerra dos Seis Dias foi uma derrota diplomática para a União Soviética, mas também criou um novo problema interno ao estimular o orgulho e o nacionalismo pró-israelense entre os judeus soviéticos. Isso levou a uma repressão ao "sionismo" e novas restrições à vida cultural judaica, o que, por sua vez, desencadeou uma campanha internacional altamente

O especialista soviético em política externa e defensor da détente Gueórgui Arbátov com o sovietólogo americano Seweryn Bialer.

visível pelo direito de emigrar dos judeus. A emigração judaica da União Soviética tornou-se uma questão de direitos humanos que foi abordada na ONU e no Congresso americano, acarretando a emenda punitiva Jackson-Vanik ao Ato de Comércio dos Estados Unidos de 1974. Os líderes soviéticos ficaram numa enrascada, já que dificilmente poderiam se defender argumentando (o que era verdade) que sua política de emigração negava esse direito a todos, não só aos judeus. No fim, 236 mil judeus deixaram a União Soviética nos anos 1971-81 (outro exemplo de privilégio judaico, na visão dos antissemitas soviéticos); pouco mais da metade deles se estabeleceu em Israel e outro grande grupo nos Estados Unidos. Mas com muitos atrasos burocráticos e um grande imposto de saída cobrado de quem tinha ensino superior, o efeito líquido foi sublinhar a falta de simpatia da União Soviética com a emigração judaica, em vez de ganhar qualquer crédito por concessões.

Mais desastres de relações públicas estavam reservados no início da década de 1980. Com a ascensão do movimento Solidariedade na Polônia, outra ameaça ao regime comunista na Europa Oriental se apresentou, embora dessa vez o próprio governo polonês tenha imposto a lei marcial e os soviéticos não precisassem enviar tropas. A imprudente intervenção soviética em defesa de um cliente na guerra civil do Afeganistão se deveu provavelmente mais à ideia da liderança de Bréjnev de como uma superpotência deve se comportar do que a qualquer análise racional de custos e benefícios. "Tínhamos de ter nosso próprio Vietnã", suspiraram os críticos dentro do establishment da política externa soviética e, de fato, foi o que aconteceu: a União Soviética, como os Estados Unidos no Vietnã, não conseguiu nada ao custo de muitas vidas e acabou sendo forçada (no governo Gorbatchov) a uma retirada vergonhosa. A desaprovação pública foi mais discreta do que no caso americano, mas houve danos semelhantes ao moral do Exército, e os problemas soviéticos subsequentes com veteranos de guerra do Afeganistão descontentes e desmoralizados foram provavelmente ainda piores do que os que os Estados Unidos tiveram com seus veteranos do Vietnã.

Apesar do Afeganistão, a União Soviética de Bréjnev poderia se congratular por evitar a instabilidade alarmante da outra superpotência. Os Estados Unidos passaram por ondas de distúrbios estudantis e de direitos civis na década de 1960, protestos contra o Vietnã e Panteras Negras, e até uma grande crise de legitimidade do governo no caso Watergate, que levou ao impeachment do presidente Nixon e sua renúncia em agosto de 1974. Ainda bem que as minorias nacionais soviéticas não estavam tão zangadas e amotinadas quanto os negros americanos, e os jovens soviéticos não tão distanciados de seus mais velhos e desdenhosos do decoro social como seus colegas americanos, devem ter pensado Bréjnev e muitos cidadãos soviéticos. E, de qualquer modo, do que os americanos tinham de reclamar, com suas enormes casas suburbanas, martínis duplos e carros de luxo?

Nas repúblicas

Era com certeza verdade que a União Soviética não tinha nada semelhante ao problema racial americano com suas minorias nacionais. Conflitos étnicos abertos eram comparativamente raros e, quando ocorriam, era tão provável que fossem entre duas minorias étnicas, ou uma minoria étnica e a maioria titular numa das repúblicas da Ásia Central ou do Cáucaso, quanto entre russos. As deportações étnicas da década de 1940 criaram problemas, inclusive no Cazaquistão, onde a infelicidade da liderança republicana ao desembarcar com os recém-chegados era quase tão forte quanto a angústia dos recém-chegados ao aportarem lá. Houve mais problemas quando alguns dos "povos banidos" puderam retornar aos seus antigos lares após o Discurso Secreto de Khruschóv e os encontraram ocupados por estranhos. As repúblicas bálticas ainda estavam ressentidas por terem sido incorporadas à União Soviética em 1939 — uma potência "oriental", portanto culturalmente inferior, na visão báltica — e, assim, perderem sua independência obtida no entreguerras. Um forte sentimento passivo antirrusso persistia em toda a região e, na Lituânia, um movimento de protesto nacionalista centrado na Igreja católica tinha uma existência clandestina desde o início dos anos 1970.

As repúblicas eram cada vez mais governadas por gente do lugar, que contava com o apoio das elites nativas e se apresentava em cores nacionais (e, na Ásia Central, islâmicas seculares). Depois que o cazaque Dinmukhamed Kunáiev foi nomeado primeiro-secretário do Cazaquistão, em outubro de 1964 (após uma série de primeiros-secretários russos e ucranianos, inclusive

A amizade das nações é celebrada neste desenho de 1979 de Iu. Tcherepánov, que marca o 325º aniversário da "União da Ucrânia com a Rússia" sob o Tratado de Pereslávia.

Bréjnev, durante o período das Terras Virgens), a inscrição de cazaques étnicos no partido dobrou em dois anos. Como antes, havia geralmente um segundo-secretário eslavo atuando como olhos e ouvidos de Moscou nas repúblicas, mas no período Bréjnev, quando Kunáiev e Volodimir Scherbítski eram membros plenos do Politburo, e os primeiros-secretários azerbaijanos, georgianos, uzbeques e bielorrussos eram membros suplentes, esses segundos-secretários locais eram claramente subordinados. Os líderes republicanos eram lobistas enérgicos (e mutuamente competitivos) na busca por investimentos de Moscou e a maioria deles se beneficiava do fluxo econômico de recursos. Os Estados bálticos, a parte mais desenvolvida da União Soviética, com as maiores rendas per capita, eram a exceção, contribuindo, junto com a República Russa e a Ucrânia, para o subsídio das repúblicas menos desenvolvidas.

Embora o plano oficial de longo prazo fosse fundir as diferenças nacionais, havia poucos sinais de que isso estivesse acontecendo. Ao contrário, as repúblicas, com o acordo tácito de Moscou, estavam silenciosamente afirmando e consolidando a particularidade nacional. Nos questionários, os cidadãos soviéticos endossavam fortemente a tolerância étnica, mas na prática, tinham uma preferência também forte por se casar dentro de seu próprio grupo étnico, ou pelo menos parecido (russo e bielorrusso, uzbeque e tadjique). O número de casamentos mistos era baixo, e os que aconteciam eram frequentemente entre pessoas que já viviam fora de suas repúblicas nativas. Tendo em vista as taxas de natalidade muito mais altas nas áreas muçulmanas da União Soviética (as repúblicas da Ásia Central e Azerbaijão) do que nas regiões historicamente cristãs (Rússia, Ucrânia, Bielorrússia, Armênia, Geórgia), os demógrafos começaram a ver um futuro em que os eslavos seriam minoria.

Com efeito, poder-se-ia dizer que o principal problema de nacionalidade do período Bréjnev era, na verdade, russo. O russo era a língua franca da União Soviética e Moscou sua capital, mas os russos eram o grupo étnico que tradicionalmente recebia menos incentivo para demonstrações de cultura nacional e promoção da cultura e do orgulho nacionais. Na literatura, desenvolveu-se uma tendência quase nacionalista, com foco principalmente na aldeia russa, e no âmbito social, movimentos emergentes para preservar monumentos históricos e combater a degradação industrial do meio ambiente ganharam um tom claramente nacionalista (o escritor russófilo Valentin Raspútin foi um dos que se envolveu profundamente no movimento para salvar o lago Baikal na Sibéria). No início da década de 1970, Aleksandr Iákovlev, futuro conselheiro de Gorbatchov, se viu em apuros por criticar simpatizantes nacionalistas russos dentro da burocracia do Comitê Central, e havia rumores de que eles tinham patronos até mesmo no Politburo. Nas regiões não eslavas, particularmente na Ásia Central, a política de apoio à promoção nativa vinha às custas dos residentes russos do lugar, que começavam a se sentir menos à vontade. Entre os russos, o sentimento de realizar uma missão civilizadora virtuosa nas regiões menos desenvolvidas da União Soviética estava dando lugar a certo ressentimento baseado na percepção de que sua república estava subsidiando os mais fracos às custas de seus próprios cidadãos — em suma, que as repúblicas não eslavas eram um fardo para a Rússia, e não uma vantagem.

As regiões eslavas do país estavam passando por um distanciamento geracional que era menos dramático do que o que existia nos Estados Unidos de então, mas de certa forma se assemelhava a ele. Na União Soviética havia também uma geração dos anos 1960 que trocava fitas cassetes dos Beatles para tocar em seus novos gravadores, vestia jeans feitos no Leste Europeu, apimentava seu vocabulário com o jargão do gulag, cantava e tocava canções de Vladímir Vissótski em suas guitarras e ouvia rádios estrangeiras (as "Vozes"). Na década de 1970, o rock era a grande atração que florescia até mesmo nos círculos do Komsomol, apesar da moderada desaprovação oficial. Mas o que talvez fosse mais preocupante para os verdadeiros crentes comunistas era a passividade política da geração mais jovem, em comparação com seus precursores do pré-guerra. Conforme retratado pelo observador participante Aleksei Iurchak, os jovens das décadas de 1970 e 1980 aceitavam a linguagem e os rituais oficiais e os executavam com fluência, mas consideravam que a vida deles "de verdade" era vivida numa esfera privada na qual a esfera pública mal incidia. Pelos padrões soviéticos, seus níveis educacionais eram espetaculares e, como havia pleno emprego, não precisavam se preocupar com a vida profissional, embora entre os universitários formados houvesse muita preocupação quanto ao local de trabalho, se seriam designados para Moscou ou para os cafundós.

Vida cotidiana dos cidadãos soviéticos

"Nós fingimos que trabalhamos e eles fingem que nos pagam" é uma piada que era ainda mais popular entre os jornalistas ocidentais do que na União Soviética. Mas o local de trabalho soviético tinha vantagens além da tolerância em relação à baixa produtividade, como seus habitantes descobriram quando a União Soviética entrou em colapso. O local de trabalho, com suas lojas e bufês especiais, era uma fonte de bens escassos para seus empregados (a qualidade da fonte dependia do estado e prestígio da fábrica, setor industrial ou ministério) e um espaço de camaradagem. Muitas horas agradáveis eram gastas por mulheres tomando chá com bolo com colegas de escritório e por homens compartilhando um cigarro (ou mesmo uma garrafa de vodca) na escada. Se os economistas tentassem medir a felicidade no emprego em vez da produtividade do trabalho, poderiam ter obtido resultados melhores.

Os anos de Bréjnev foram bons para os cidadãos soviéticos comuns: foi nessa época que as promessas de universalização da proteção do "Estado de bem-estar", feita desde os primeiros dias do regime soviético, foram plenamente realizadas. O salário mínimo garantido, introduzido em 1956, foi aumentado, assim como as pensões de aposentadoria, que os homens podiam receber aos sessenta anos e as mulheres, aos 55. Os benefícios previdenciários, antes restritos aos assalariados, foram estendidos aos *kolkhozniks*. Numa tendência surpreendente para um país recentemente desenvolvido, a diferenciação social diminuiu e prevalecia um éthos em geral igualitário. Isso foi muitas vezes esquecido no Ocidente, onde os comentaristas gostavam de enfatizar o fato de que havia desigualdade sob o socialismo e os chefes tinham privilégios. Claro que havia desigualdade, e naturalmente os soviéticos tentavam fingir que não havia. Mas numa escala comparativa internacional, era relativamente menor e sem tendência crescente.

Para a classe média da União Soviética, não havia privilégio demais, mas muito pouco; e essa classe média estava crescendo muitíssimo. Se em 1941 havia 2,4 milhões de pessoas com ensino superior ou secundário, em 1960 esse número era de 8 milhões e, no fim da década de 1980, 32 milhões. Muitas dessas pessoas, como de costume, ingressariam no Partido Comunista, cujo número de filiados continuou a aumentar, chegando a quase 16 milhões em 1976. Entre os privilégios que essas pessoas valorizavam e esperavam estavam uma datcha no campo, bem como seus pequenos apartamentos urbanos, a nova possibilidade de adquirir um "apartamento cooperativo" para filhos adultos, viagens internacionais, algum acesso a bens de luxo estrangeiros e um carro. Ainda não havia o bastante desses bens cobiçados para todos, e empregos suficientes que proporcionassem um salário que permitisse adquiri-los. Muita gente com ensino médio completo tinha emprego de colarinho-branco cuja remuneração era de quinhentos rublos, enquanto um operário podia ganhar trezentos rublos. Nas décadas de 1970 e 1980, quando o crescimento do padrão de vida geral do pós-guerra desacelerou, houve amplos motivos para uma ressaca de insatisfação entre aqueles cujas expectativas haviam aumentado demais nas décadas anteriores.

Na intelligentsia, havia uma sensação de mal-estar. O otimismo inebriante do período Khruschóv se fora, com a intervenção de 1968 na Tchecoslováquia marcando o divisor de águas. As esperanças de liderança espiritual dos intelectuais foram frustradas e eles perceberam que a sociedade estava se tornando cada vez mais materialista. Aqueles que tinham aspirações materiais também se sentiram frustrados. No diagnóstico do observador americano John Bushnell, o cidadão soviético tornou-se um pessimista que ouvia as canções lúgubres de Bulat Okudzjava e contava piadas um pouco politicamente ousadas, mas também autoirônicas como esta, ambientadas numa aula de alfabetização política (cívica):

> Aluno: Existe vida na Lua?
> Instrutor: Não, camarada, os cosmonautas soviéticos não encontraram sinais de vida na Lua.
> Aluno: (*tristemente*) Lá também não?

Apesar de todo o cultivo da vida privada característico da época, estava surgindo uma vida associativa embrionária, separada do Estado e voltada principalmente para a proteção do ambiente natural e a preservação dos monumentos históricos e culturais. Eram, em geral, preocupações "liberais", mas do lado não liberal e potencialmente nacionalista, os ex-soldados conseguiram finalmente obter permissão para criar organizações de veteranos, que foram de grande importância para a geração dos homens que lutaram na Segunda Guerra Mundial e mantinham contato informal com suas unidades por meio de reuniões habituais de bebedeiras ao longo dos anos. Os periódicos "de peso" que haviam florescido durante a era Khruschóv ainda existiam, embora a maioria tivesse sofrido uma mudança de editor e maiores restrições ao conteúdo político, especialmente antistalinista. *Oktiabr*, a concorrente conservadora de *Nóvi Mir*, teve um *succès de scandale* com "Então, o que você quer?", de Vsévolod Kótchetov, que atacava as influências ocidentais corruptas com um espírito de nostalgia stalinista. Um concorrente crescente dos periódicos densos eram os *samizdat* — manuscritos publicados pelos próprios autores e, portanto, sem censura, sobre vários tópicos delicados, de política a religião e ioga, copiados em máquinas de escrever e distribuídos a mão. Um parente menor, *tamizdat*, circulava literatura proibida trazida do Ocidente.

Na década de 1980, as taxas de educação e de participação na força de trabalho das mulheres eram enormes. O número de mulheres assalariadas triplicou, passando de 20 milhões em 1960 para quase 60 milhões em 1989, quando constituíam 50,6% da força de trabalho. Em 1979, em toda a população soviética com dez anos ou mais, 60% das mulheres tinham educação secundária ou superior (entre os homens, eram 69%) — e essa alta taxa prevalecia até mesmo no Uzbequistão, uma das repúblicas onde as mulheres tinham sido historicamente mais desfavorecidas. Elas estavam entrando no partido em número maior do que nunca, compondo 25% dos membros em 1976 e 30% em 1990. Mas o duplo fardo de um emprego de tempo integral mais compras, tarefas domésticas e criação dos filhos (todos "trabalho de mulher") estava cobrando seu preço, como Natália Baránskaia descreveu vividamente na novela publicada em *Nóvi Mir*, *Uma semana como qualquer outra* — sem mencionar de forma explícita os problemas associados à indisponibilidade da pílula anticoncepcional, que teria sido demais para o censor pudico. Apesar de toda a provisão estatal de creches e jardins de infância, a vida das mulheres soviéticas trabalhadoras era na verdade administrável somente com a presença em casa de uma *bábuchka* (avó) que não trabalhasse.

O Ocidente era uma presença poderosa na União Soviética, não apenas como bicho-papão, mas como ímã cultural. De acordo com uma pesquisa, metade da população trabalhadora de Moscou ouvia estações de rádio ocidentais; os jovens se chamavam de Alec e Mike em vez de Sacha e Micha. Na década de 1980, até mesmo homens de meia-idade podiam ser vistos no fim de semana de jeans e jaquetas de couro pretas, dirigindo seus carros (com alegria, mas mal, já que eram aprendizes tardios) até a datcha. Lá, depois do acordo pioneiro de Donald Kendall de troca de Pepsi por vodca Stolichnaya, eles bebiam as duas alternadamente, e a garrafa de Pepsi na mesa da cozinha simbolizava o savoir-vivre cosmopolita. Nos círculos sovietológicos ocidentais, esteve na moda por um tempo falar sobre "convergência", uma teoria construída na suposição de que, com a modernização, a sociedade soviética inevitavelmente se tornaria mais liberal, democrática, individualista e pluralista — em suma, mais parecida com a ocidental. Isso parecia bom para muitos na União Soviética, embora a convergência em que eles estavam principalmente interessados fosse uma convergência na disponibilidade de produtos de estilo ocidental.

Os dissidentes

As conexões ocidentais foram importantes para um fenômeno novo no cenário soviético: o movimento dissidente. *Samizdat* e *tamizdat*, combinados com o circuito de feedback das rádios ocidentais, possibilitaram que "pensadores não padronizados" (*inakomísliaschie*) pusessem seus pensamentos em circulação na União Soviética, bem como conquistassem uma audiência e um grupo de apoio no exterior. No início, o desejo de expressar ideias fora do padrão não implicava necessariamente oposição à União Soviética, mas depois que os escritores satíricos Andrei Siniávski e Iúli Daniel foram levados a julgamento público em 1966 e condenados por "propaganda antissoviética" por publicar seu trabalho no exterior, as duas coisas começaram a se fundir. Um impulso adicional ao movimento dissidente foi dado pela intervenção soviética na Tchecoslováquia, quando muitos intelectuais assinaram protestos contra a invasão e, em consequência, ganharam bolas pretas em suas fichas pessoais.

Depois de cumprir uma pena no gulag, Siniávski foi autorizado a emigrar para a França, e essa se tornou a maneira preferida de lidar com dissidentes literários, embora alguns fossem internados em hospitais psiquiátricos sob a presunção de que qualquer um que se colocasse gratuitamente em perigo por insistir em sua própria opinião impopular tinha de ser louco. O poeta russo-judeu Joseph Brodsky, condenado sob a lei "antiparasita" de Khruschóv em 1964, foi convidado pela KGB a emigrar em 1971 e, quando recusou, foi peremptoriamente enfiado num avião para Viena e deportado em 1972. A cidadania de Aleksandr Soljenítsin foi revogada em 1974 e ele foi levado, contra sua vontade, para a Europa. Em termos de reputação internacional da União Soviética, era uma estratégia duvidosa, uma vez que os dissidentes exilados, agora com a auréola do martírio, continuaram a publicar suas críticas para um público ocidental receptivo. A derrota soviética foi agravada por uma onda de deserções muito divulgadas, inclusive a da infeliz filha de Stálin, Svetlana, e do bailarino Rudolph Nuréiev em 1967.

As posições políticas dos dissidentes variavam de comunistas mais ou menos desiludidos, como os gêmeos Medviédev, Jores e Roy, a liberais como Andrei Sákharov (distinto físico e membro da Academia de Ciências, exilado em 1980 na cidade de Górki, junto ao Volga) e conservadores russófilos, como Soljenítsin acabou se tornando. O fio que os unia era a defesa dos direitos humanos e o uso da mídia ocidental como plataforma. Os correspondentes estrangeiros em Moscou eram a salvação dos dissidentes, pois ofereciam amizade, além de uísque Johnnie Walker e cigarros Marlboro, contrabandeavam suas obras e, quando tinham problemas, tornavam seus casos notícia de primeira página na Europa e na América do Norte. A CIA e outras agências de inteligência ocidentais também forneciam apoio indireto silencioso, não necessariamente solicitado ou mesmo conhecido pelos destinatários, mas enfatizado nos ataques da mídia soviética a eles. Não surpreende que isso não tenha tornado os dissidentes populares entre os cidadãos comuns da União Soviética e, exceto no caso de dissidência nacionalista, o movimento fez pouco contato com o público soviético em geral. Nos populares materiais sediciosos que a KGB coletava habitualmente (sobretudo versos irreverentes, obscenidades e piadas, reclamações sobre escassez e aumento de preços e denúncias atordoadas de líderes), os dissidentes cujos nomes eram tão conhecidos no Ocidente praticamente não eram mencionados.

Não obstante, com o tempo, a crítica dissidente, combinada com as lembranças da denúncia de Khruschóv do stalinismo em 1956, penetrou e se difundiu na elite, primeiro na geração mais jovem e depois na de seus pais. Na década de 1980, cidadãos soviéticos sólidos com bons empregos já podiam zombar dos dissidentes quando conversavam com estrangeiros, mesmo em off, mas ao mesmo tempo faziam críticas à vida soviética que nunca teriam feito vinte anos antes.

A visão do artista ucraniano-armênio não conformista Vagrich Bakhchanyan da estátua de Múkhina foi feita logo após sua emigração para os Estados Unidos, em 1974.

No início da década de 1980, era tão raro encontrar alguém que professasse apoio fervoroso à União Soviética e levasse sua ideologia a sério que muitas pessoas presumiram que o antigo espírito revolucionário utópico tivera seu último momento sob Khruschóv. Mas isso talvez fosse abrangente demais. Evtuchenko, o mais famoso dos poetas públicos do Degelo, acostumado a ser visto como um encrenqueiro na década de 1970, de repente, na década de 1980, começou a encontrar burocratas mais jovens com memórias nostálgicas de entrar clandestinamente em suas leituras de poesia quando eram estudantes, vinte anos antes. E não era apenas da geração dos anos 1960 que o idealismo juvenil estava escondido atrás de uma fachada brejneviana cotidiana. Na década de 1950, a Universidade de Moscou já vinha produzindo idealistas. Um deles, Mikhail Gorbatchov, subiu na hierarquia do partido até chegar a primeiro-secretário em Stavropol e estava de volta a Moscou — esperando, embora ainda não soubesse disso, para iniciar a revolução que destruiria a União Soviética.

7.
A queda

Era o capitalismo que estava fadado ao colapso, de acordo com a teoria marxista, e não o socialismo. Isso tornava ainda mais inimaginável para os líderes e cidadãos soviéticos que o oposto pudesse acontecer — e, particularmente, que isso pudesse acontecer sem que os Estados Unidos trapaceassem lançando bombas nucleares na competição. O socialismo tinha a história do seu lado, até que de súbito e de modo aparentemente inexplicável, a história enlouqueceu. Como no título evocativo do estudo de Aleksei Yurchak sobre o socialismo soviético tardio, "Tudo era para sempre até que não existiu mais".

Mesmo os otimistas entre os sovietólogos americanos não haviam previsto seriamente o colapso da União Soviética: um regime como aquele não cairia sem pressões externas ou internas avassaladoras pela simples razão de que seus poderosos Exército e polícia impediriam isso. Do mesmo modo, era inconcebível que qualquer governo soviético entregasse o controle sobre a Europa Oriental a menos que fosse derrotado militarmente, e ainda mais inconcebível que permitisse a secessão das repúblicas não russas. Quando o impossível aconteceu e, ademais, sem grandes revoltas populares na União Soviética ou na Europa Oriental, que poderiam ter tensionado, para não dizer derrotado, a capacidade de segurança soviética, isso causou um trauma aos russos quase sem igual, mesmo num século XX cheio de traumas. A derrota na Segunda Guerra Mundial chocou os alemães, e as revelações sobre o

Holocausto os deixaram com uma enorme tarefa de *Vergangenheitsbewältigung* (acertar as contas com o passado) — mas, ainda assim, era compreensível como derrota numa guerra em que os exércitos alemães lutaram com bravura até o fim. Para a União Soviética, o colapso adveio subitamente do desmoronamento do ambicioso programa de reformas de Mikhail Gorbatchov, sem oposição e sem necessidade aparente ou lógica histórica para justificá-lo.

Um século e meio antes, em seu clássico *O Antigo Regime e a Revolução Francesa*, Alexis de Tocqueville havia sugerido que "o momento mais perigoso para um mau governo é geralmente aquele em que ele inicia a reforma". Mas isso teria sido um conforto pequeno para Gorbatchov, que pensava que estava revitalizando uma revolução, não salvando um "antigo regime".

Gorbatchov e a reforma interna

Bréjnev tinha setenta e poucos anos no início da década de 1980, mas parecia velho e doente havia tempo. Os homens ao seu redor, reunidos numa falange protetora em seus últimos anos, também eram velhos. Quando ele finalmente morreu, em 1982, eles se voltaram para Iúri Andrópov, o chefe da KGB, oito anos mais moço que Bréjnev, mas muito mais disposto, com um grupo de jovens pensadores reformistas como Fiódor Burlátski ao seu redor. Mas depois de pouco mais de um ano, Andrópov rapidamente adoeceu e também morreu, sendo sucedido por Konstantin Tchernenko, um medíocre protegido de Bréjnev que durou aproximadamente o mesmo período de tempo antes de também morrer. Diante disso, até a velha guarda teve de admitir que precisava de um homem mais jovem à frente do partido. A escolha recaiu sobre Mikhail Gorbatchov, vinte anos mais moço que Tchernenko e 25 anos mais moço que Bréjnev. Ele fora trazido a Moscou em 1978 para

Fiódor Burlátski (ao centro), um defensor de reformas e conselheiro de políticas públicas de Khruschóv, Andrópov e Gorbatchov, com o sovietólogo americano Jerry Hough.

assumir a liderança nacional da Agricultura, depois de vinte anos dirigindo o partido em Stavropol, a região agrícola onde nascera. Membro do Politburo desde 1980, Gorbatchov havia sido o sucessor escolhido por Andrópov (preterido em favor de Tchernenko pelos colegas do Politburo) em 1984. Tornou-se secretário-geral do partido em março de 1985.

Gorbatchov tinha uma mente aberta e enérgica, era um bom político e construtor de consensos, bem como um administrador eficaz que conhecia o país para além de Moscou, mas, no início dos anos 1980, ele mal parecia um futuro revolucionário. Beneficiário da mobilidade ascendente, embora de safra posterior a Khruschóv e Bréjnev, vinha de uma família camponesa que havia sofrido de várias maneiras no período de Stálin, tendo dois tios e uma tia que morreram na fome do início dos anos 1930 e ambos os avós presos durante os Grandes

Expurgos. (Biografias assim contraditórias não eram incomuns em sua geração; a biografia de seu colega e mais tarde oponente, Boris Iéltsin, era semelhante, assim como a do georgiano que mais tarde se tornaria seu ministro das Relações Exteriores, Eduard Shevardnadze.) Jovem demais para lutar na Segunda Guerra Mundial, Gorbatchov carecia da experiência central em torno da qual a liderança de Bréjnev se uniu. Tinha formação de advogado, e não de engenheiro, e foi o primeiro líder soviético a se considerar membro da intelligentsia, identidade igualmente importante para sua esposa, Raíssa, que era socióloga. Ele reconhecia que era "um produto do sistema", ao mesmo tempo que se classificava como "um homem dos anos 1960". Leitor sério de Lênin, foi, não obstante, um crítico silencioso da invasão soviética na Tchecoslováquia em 1968 e lamentou que, depois disso, a União Soviética tenha se afastado do caminho da reforma interna.

Gorbatchov via as reformas através do prisma do Degelo, como uma revitalização do socialismo, e não como um abandono dele. Suas duas palavras de ordem, anunciadas no XVII Congresso do Partido, no início de 1986, eram perestroika (reconstrução) e glasnost (abertura e transparência). Ele acabou colocando a glasnost em primeiro lugar, para melhor descobrir como reconstruir. Foi o oposto da escolha feita na China de Deng Xiaoping (ainda em estado de distanciamento da União Soviética) por volta da mesma época. De acordo com o filho de Deng, seu pai achava que Gorbatchov era "um idiota" por não colocar a reforma econômica à frente da política. Visto em retrospecto, parece um veredicto justo, diante dos resultados comparativos das reformas soviética e chinesa, mas o raciocínio de Gorbatchov também fazia algum sentido na época: ele sabia bem que as forças entrincheiradas contra a reorganização econômica poderiam ser muito fortes (lembre-se dos conselhos econômicos regionais de Khruschóv) e esperava superá-las com a ajuda de uma opinião pública liderada por uma intelligentsia reformista.

A glasnost atingiu o público soviético antes que qualquer perestroika significativa fosse sentida. Isso estava de acordo com a suposição da intelligentsia de que reforma significava, antes de tudo, o levantamento de obstáculos à livre discussão. Nomes da década de 1960 — como Evguiêni Evtuchenko, que seria um apoiador de Gorbatchov no Congresso dos Deputados do Povo em 1989, e Vladímir Dúdintsev, com um novo romance anti-Lysenko, *Vestido de branco* — emergiram das sombras de volta para a celebridade; *Arquipélago gulag*, de Soljenítsin, e *1984*, de George Orwell, foram publicados na União Soviética pela primeira vez. A desestalinização foi retomada; Bukhárin e Zinóviev foram reabilitados, juntamente com a Oposição Operária do início da década de 1920 e os médicos judeus condenados na conspiração dos "médicos" de 1952; até mesmo Trótski, embora nunca reabilitado, tornou-se mencionável novamente.

Tudo o que a intelligentsia esperava em termos de liberdade de expressão e publicação estava de repente disponível. Graças à glasnost, a imprensa soviética estava repleta de críticas informadas e detalhadas de "erros" históricos, como a coletivização, os Grandes Expurgos, as más decisões na Segunda Guerra Mundial, as deportações étnicas em tempo de guerra e o antissemitismo do pós-guerra. Jornais e revistas de peso competiam entre si por revelações, publicavam todos os manuscritos em gavetas até então proibidos e pressionavam pela reabilitação de heróis revolucionários caídos. Foi uma época maravilhosa para ser um escritor soviético de certa idade e tipo — um contador de verdades khruchoviano cujos romances e peças realistas desmascarassem males sociais, encobrimentos históricos e escândalos políticos. Foi uma época igualmente emocionante para ser um leitor soviético, exceto que havia coisas demais para ler, e o que se lia provavelmente abalaria a fé no sistema soviético. A suposição de Gorbatchov, como a das antigas revistas grossas de mentalidade reformista, era que "dizer a verdade" não poderia deixar de ser bom e fortaleceria o sistema soviético ao purificá-lo. Infelizmente, ocorreu o oposto. O efeito do curso intensivo sobre as falhas do socialismo soviético foi minar a confiança do público, em vez de convocá-lo para uma reforma.

As reformas de Gorbatchov começaram com um toque puritano: a repressão à vodca. Isso retomava um tema do curto período de governo de Andrópov e fazia sentido como reação à queda da expectativa de vida masculina e à baixa produtividade do trabalho. Mas era ruim para o orçamento do Estado e muito impopular entre os bebedores, ou seja, a grande maioria dos homens eslavos. Com relação à reforma econômica, Gorbatchov procedeu com extrema cautela. As cooperativas — desde Lênin, uma resposta soviética padrão aos problemas da centralização burocrática que nunca haviam feito nenhuma mágica antes — foram sua primeira proposta. Uma vez que os membros das cooperativas podiam empregar mão de obra desde que eles próprios trabalhassem, elas tinham o potencial de funcionar como empresas privadas, mas sua criação estava cercada de restrições e infestada por questões não respondidas, como, por exemplo, que instalações uma cooperativa nova poderia usar na ausência de um mercado imobiliário comercial. Problemas semelhantes acompanhavam a legislação que permitia aos camponeses estabelecer suas próprias fazendas, mas mantinha a proibição existente de compra e venda de terras. As joint ventures com investidores estrangeiros foram permitidas a partir de 1987, mas enfrentar a burocracia soviética e estabelecer fontes confiáveis de fornecimento era muito difícil para os estrangeiros. O McDonald's foi a grande história de sucesso quando finalmente abriu sua primeira loja em

"Meu bom senhor, gostaria de um Big Mac americano?": cartum de 1991 de V. Polúkhin.

Moscou, em 1990. Mas por trás desse sucesso estava mais de uma década de preparação cuidadosa, como o cultivo de suas próprias batatas para as batatas fritas, a criação de seu próprio gado para os hambúrgueres e a formação de sua equipe russa para sorrir para os clientes em vez de fazer cara feia.

A suspeita de Gorbatchov em relação ao mercado foi um fator que dificultou a reforma econômica. Mas também havia razões políticas sólidas para proceder com lentidão. A população soviética se acostumara a preços fortemente subsidiados em produtos básicos, mas qualquer movimento na direção do mercado os faria subir. O Estado de bem-estar social soviético, valorizado por seus cidadãos, estava intimamente ligado ao oferecimento de bens e serviços no local de trabalho (estatal), outra questão que seria complexa de resolver com a privatização.

O desastre de Tchernóbil, em abril de 1986, serviu de catalisador para o lançamento da glasnost, particularmente na forma de críticas a altos funcionários e conscientização pública sobre os riscos ambientais. Por azar, 1986 foi o ano em que o preço do petróleo começou a cair de seus máximos históricos da década de 1970 e início dos anos 1980. Tendo subido de cerca de sessenta dólares o barril em meados da década de 1970 para mais de 120 em 1980, ele caiu vertiginosamente a partir do final de 1985 e permaneceu na faixa dos quarenta dólares pelo resto da década. O crescimento anual do PIB soviético foi menos da metade do que havia sido sob Khruschóv e caiu para menos 2,3% em 1990. Examinando a situação econômica soviética em seu relatório ao Comitê Central em junho de 1987, Gorbatchov disse que o desperdício, a ineficiência e relatórios imprecisos haviam criado uma situação de "pré-crise".

Demograficamente, as perspectivas, se não críticas, eram um tanto sombrias. As mulheres, tanto urbanas quanto rurais, estavam tendo menos filhos fora das áreas muçulmanas do país, e os russos estavam diminuindo como proporção do total da população, atingindo 50,7% em 1989 (se a União Soviética tivesse sobrevivido até a próxima data programada do censo, eles teriam caído abaixo de 50% pela primeira vez). A expectativa de vida masculina aumentara um pouco após o declínio alarmante da década de 1970, com os homens ganhando um ano e meio na década de 1980, mas ainda faltavam oito anos para a expectativa de vida americana média. Apesar disso, era uma população envelhecida, com quase tantos aposentados (30 milhões) quanto membros da organização juvenil Komsomol.

Em termos de estratégia política, Gorbatchov, conhecido como hábil negociador e conciliador, mostrou essas habilidades ao lidar com a renovação do Politburo, persuadindo alguns dos veteranos mais velhos a se aposentar com mais ou menos dignidade. Entre o sangue novo que ele trouxe estava Boris Iéltsin, que veio dos Urais para chefiar a organização partidária de Moscou no final de 1985 e logo se tornou o cabeça quente radical do Politburo, tendo renunciado dramaticamente em 1987, após entrar em conflito com os conservadores do órgão. Gorbatchov nunca conseguiu montar um Politburo unido que estivesse firmemente comprometido com a reforma sob sua liderança, em parte devido à incerteza quanto ao tipo de reforma que tinha em mente. Ele passou a confiar mais em conselheiros reformistas que não pertenciam antes ao círculo interno, como Aleksandr Iákovlev, um liberal do partido que na chefia do Departamento de Propaganda do Comitê Central nomeou reformistas para cargos importantes na mídia. Após sua promoção ao Politburo em 1987, Iákovlev tornou-se um para-raios para as críticas dos radicais.

Gorbatchov agiu com cuidado em relação ao Politburo, mas foi muito mais duro ao lidar com os primeiros-secretários das repúblicas e regiões, a grande maioria dos quais foi substituída em pouco tempo. Embora, como Khruschóv e Bréjnev, Gorbatchov fosse também um ex-secretário regional, faltava-lhe a percepção de seus predecessores sobre a importância do apoio desses políticos. Tampouco mostrou muita sensibilidade às preocupações nacionais: entre os líderes da Ásia Central removidos na tentativa de limpar a corrupção estava Dinmukhamed Kunáiev, que foi substituído por um russo no cargo de primeiro-secretário do Cazaquistão. (Isso provocou tumultos em Alma-Ata e, depois de alguns anos, o russo foi substituído por um cazaque.)

Em 1987, Gorbatchov acrescentou "democratização" (*demokratizátsiia*) aos seus objetivos de reforma. Embora seja uma palavra e um conceito ocidentais, algo como democratização tinha sua própria história no contexto soviético, remontando a experimentos com eleições com vários candidatos a deputados e funcionários do partido em meados da década de 1920 e, de novo, em meados da de 1930. Essas tentativas haviam fracassado no passado, silenciosamente e sem consequências desastrosas. Se fracassassem de novo, talvez fosse possível dar o passo mais radical de permitir o desenvolvimento de facções baseadas em propostas políticas dentro do Partido Comunista no poder (algo que não era discutido desde o início dos anos 1920) ou, mais radical ainda, permitir a formação de partidos de oposição, abolindo o "papel de liderança" que fazia do Partido Comunista a única arena legal da política. Mas Gorbatchov estava longe de pensar nesses termos nos estágios iniciais da perestroika. A "democratização" que ele delineou na XIX Conferência do Partido, em junho de 1988, incluía a mudança da autoridade executiva do partido para as autoridades estaduais (outrora conhecida como "revitalização dos sovietes") e a permissão de eleições com vários candidatos.

Mas também houve uma surpresa: o anúncio de Gorbatchov de que seriam realizadas eleições para uma instituição sem precedentes históricos, um Congresso dos Deputados do Povo, cujo objetivo era eleger um novo Soviete Supremo que se tornaria o motor da perestroika. Em contraste com o padrão conhecido das eleições soviéticas, em que um único candidato (indicado pelo Partido Comunista) era apresentado ao voto popular, aqui haveria vários candidatos, e grande parte da excitação política estava na seleção deles. O Partido Comunista ainda tinha um bloco de assentos alocado para suas indicações, mas o mesmo acontecia com uma série de outras "organizações sociais", como sindicatos, conselhos de mulheres (um retorno a uma forma organizacional amplamente negligenciada desde a década de 1920), o Sindicato dos Escritores e a Academia de Ciências. O processo de indicação do Partido Comunista foi tranquilo, sendo o principal drama a exclusão de sua lista do encrenqueiro Boris Iéltsin (o qual, de qualquer modo, foi indicado para uma das cadeiras de Moscou, concorreu contra o candidato oficial do partido e o trucidou com 89% dos votos populares). Mas na Academia de Ciências e no

Sindicato dos Escritores houve um grande drama em torno do processo de seleção, já que reformadores e conservadores competiam por vagas.

A eleição, realizada em março de 1989, resultou em um Congresso no qual 85% dos 2250 deputados eram comunistas (o que não surpreende, numa sociedade em que a filiação partidária era a norma para cidadãos instruídos e ambiciosos), mas 20% dos candidatos apresentados pelo partido foram derrotados, e entre os deputados eleitos havia um sólido grupo de radicais, como Iéltsin e o dissidente Andrei Sákharov, que, após o Congresso se reuniram e fizeram o possível para se organizar em um bloco de votação. A maioria dos deputados reformistas vinha da intelligentsia, mas esse contingente também tinha nacionalistas eslavófilos, como o escritor Valentin Raspútin. Trabalhadores comuns, agricultores coletivos e mulheres — categorias para as quais sempre foram mantidos lugares nas antigas eleições soviéticas antidemocráticas de candidato único — estavam mal representados no novo Congresso em comparação com o antigo Soviete Supremo, tendo sido muito menos motivados pela glasnost do que a intelligentsia. Mas as nacionalidades não russas, o outro beneficiário tradicional das práticas de indicação antidemocráticas no passado, começavam a encontrar vozes políticas. "Frentes populares", que inicialmente combinavam partidários da reforma e nacionalistas, surgiram nos Estados bálticos, e seu apoio foi crucial para o sucesso dos candidatos nas eleições. Entre um número inesperadamente grande de derrotas para os principais candidatos do partido, mesmo aqueles sem oposição, estavam os primeiros-ministros da Letônia e da Lituânia e os primeiros-secretários do partido de cinco capitais de repúblicas, inclusive Kiev.

A glasnost havia criado uma imprensa essencialmente livre, com grandes veículos comprometidos com a causa da reforma, e quando o Congresso se reuniu, seus procedimentos televisionados irradiaram ataques apaixonados de Iéltsin e Sákharov à política de Gorbatchov em todo o país. As chamadas "associações informais" estavam brotando por todo o país, a maioria delas pequenas, atendendo a uma série de interesses e causas, da ecologia ao levantamento de peso. Em termos de tendências políticas, elas iam de liberal e social-democrata a variedades de nacionalismo. A sociedade "Memorial", fundada por ex-dissidentes em janeiro de 1989, era uma organização de direitos humanos que dava apoio às vítimas da repressão. Do outro lado do espectro político, a "Pámiat" (memória) estava comprometida com a regeneração nacional num espírito de ortodoxia, incluindo algum antissemitismo. Em outras repúblicas, o componente original da reforma (pró-perestroika) era muitas vezes tomado por um entusiasmo nacionalista cada vez mais indiferente a qualquer tipo de liderança de Moscou, inclusive a serviço da reforma.

As eleições nas repúblicas realizadas sob as novas regras começaram nos últimos meses de 1989 e continuaram até a primavera de 1990. Afora o Partido Comunista, ainda não havia partidos políticos organizados, mas havia "grupos" e "blocos" políticos ad hoc que montaram listas de candidatos e, do ponto de vista do partido, os resultados foram cada vez mais alarmantes. As eleições da Estônia, as primeiras da série, produziram um parlamento da república no qual a frente popular local e seus aliados superaram em número os indicados do Partido Comunista e escolheram o novo primeiro-ministro. Na Geórgia, a última das repúblicas a votar, em outubro de 1990, o Partido Comunista, com 30% dos votos, perdeu para uma coalizão nacionalista com 54%. Nas eleições realizadas entre uma e outra, os nacionalistas da organização "Rukh" e os "Verdes" conquistaram um grande número de cadeiras, e, entre os candidatos bem-sucedidos da Ucrânia Ocidental, havia um metropolita da Igreja ortodoxa. Na Rússia, um grupo reformista ("Rússia Democrática") ganhou muitos assentos nas grandes cidades e obteve mais de um quinto dos votos na república como um todo; depois de algumas disputas, seu candidato, Iéltsin, foi eleito presidente do Soviete Supremo da república (agora muitas vezes referido como "parlamento" em relatos ocidentais). Somente na Ásia Central as elites comunistas locais ainda estavam firmes no comando do processo e, em muitos casos, apresentaram apenas um candidato (bem-sucedido).

Houve algumas tentativas de pluralizar o processo político, com a organização de facções (as "plataformas" democráticas e marxistas) dentro do próprio Partido Comunista, mas não deram em nada, e ficou claro que a pluralização espontânea em curso iria ocorrer fora e contra o Partido Comunista. Em consequência, os comunistas reformistas começaram a deixar o partido. Não fazia parte da intenção original de Gorbatchov criar um sistema multipartidário na União Soviética ou abolir o "papel de liderança" do Partido Comunista, mas, sob pressão, ele teve de concordar com ambas as medidas no início de 1990. Foi somente em outubro que isso foi formalizado por uma lei de associação pública, mas já proliferavam partidos rudimentares — anarquistas, monarquistas, "nacional-patrióticos", liberais, social-democratas, até um "Partido dos Idiotas" que oferecia cerveja e salsichas. Em junho, um Partido Comunista russo foi autorizado pela primeira vez a se separar do soviético e revelou estar sob o domínio da linha-dura. Em consequência, o êxodo de reformistas do Partido Comunista se intensificou; Iéltsin e os prefeitos reformistas de Moscou e Leningrado (Gavriil Popov e o ex-professor de direito Anatóli Sobtchak) renunciaram abertamente em julho. Em meados de 1991, o partido já havia perdido mais de 4 milhões de membros, encolhendo 25%.

"Glória ao Partido Comunista da União Soviética", o velho slogan triunfalista é furtivamente pintado numa parede por alguém que parece um burocrata mesquinho neste cartum de 1990, de Iu. Tcherepánov.

O próprio Gorbatchov ainda era membro, com uma base de poder no partido graças à sua posição de secretário-geral. Mas como o Partido Comunista ocupava cada vez mais (ou pelo menos era visto assim) a posição contrária às reformas, a situação se tornava mais e mais insustentável para um líder reformador. Em março de 1990, o Congresso dos Deputados do Povo o elegeu para o novo cargo de presidente da União Soviética. A União Soviética já tivera chefes de Estado formais (o ancião do partido Mikhail Kalínin ocupara essa posição nas décadas de 1920 e 1930), mas eles não recebiam o título de *prezident* (um empréstimo ocidental) e não desempenhavam um papel executivo. A de Gorbatchov seria a primeira e última presidência executiva da União Soviética. O problema foi que o cargo veio sem uma base de poder estabelecida e um aparato executivo, e Gorbatchov — não um presidente eleito popularmente, mas pelo Congresso — teve de agir com o apoio de um Partido Comunista desacreditado e um parlamento contencioso (o Soviete Supremo).

Relações exteriores

Tendo em vista a evolução da situação interna, não surpreende que Gorbatchov, que se destacava nas relações exteriores e tinha grande sucesso ao lidar com líderes ocidentais, tenha reagido à adulação de multidões adoradoras nas ruas das capitais ocidentais ("Gorby, Gorby!"), concentrando cada vez mais sua atenção nessa esfera. O que ele considerava sua grande tarefa, como Bréjnev antes dele, era chegar a um acordo com os americanos e superar os preconceitos da Guerra Fria. Seu ministro das Relações Exteriores, Eduard Shevardnadze, ex-secretário do partido na Geórgia, pôs isso no topo da agenda da perestroika. Gorbatchov teve sucesso parcial com Ronald Reagan na cúpula de Genebra, em 1985, e depois em Reykjavík.

Gorbatchov e o presidente dos Estados Unidos Ronald Reagan em Genebra, 19 de novembro de 1985.

Por fim, numa reviravolta surpreendente, aquele velho guerreiro frio americano, famoso por rotular a União Soviética de "o império do mal", tornou-se amigo de Gorbatchov e defensor de reduções de armas mutuamente acordadas. Enquanto Gorbatchov já era um herói no Ocidente, isso fez de Reagan um herói na União Soviética: quando ele e sua esposa Nancy a visitaram em 1988, ambos foram recebidos como astros do rock.

Na Grã-Bretanha, Margaret Thatcher, não exatamente uma amiga dos socialistas, declarou que gostava de Gorbatchov e que eles poderiam fazer negócios juntos. Gorbatchov também teve grande sucesso com líderes europeus, como François Mitterrand, da França, e Helmut Kohl, da Alemanha. A visão do líder soviético, e sua maneira de superar a bipolaridade da Guerra Fria, era enxergar a Europa como "nossa casa comum", e ele parecia a caminho de conseguir isso.

A Europa Oriental era, aparentemente, um ponto de atrito provável de qualquer movimento em direção à unidade europeia. Se países do Leste Europeu, junto com a União Soviética, fossem encorajados a seguir o caminho da reforma democrática, havia uma alta probabilidade de que alguns deles decidissem se livrar de seus impopulares regimes comunistas. A doutrina Bréjnev ainda valia? Gorbatchov nunca demonstrou muito interesse pela Europa Oriental e, ao que tudo indica, desprezou pessoalmente líderes comunistas de longa data, como Erich Honecker, da Alemanha Oriental, e Nicolae Ceauşescu, da Romênia. Parece que, muito cedo, ele disse em particular aos líderes do Leste Europeu que deveriam cuidar de sua própria legitimidade em casa e não confiar em Moscou em caso de haver problemas. E sem dúvida, para Moscou, as vantagens econômicas da Europa Oriental também pareciam menores agora que a União Soviética estava fornecendo petróleo e gás a esses países a preços abaixo do mercado.

O resultado, para espanto do mundo, foi que o Muro de Berlim desmoronou em 1989, o governo de Honecker na Alemanha Oriental caiu e, em pouco tempo, a Alemanha foi reunificada no que foi, na verdade, uma tomada da Alemanha Oriental pela Alemanha Ocidental. Eleições na Polônia, Hungria e Tchecoslováquia resultaram na instalação de governos não comunistas; na Romênia, Ceauşescu foi derrubado e, por exigência popular, executado. Tudo isso aconteceu sem qualquer sinal de desagrado soviético — pelo contrário. Gorbatchov pensava que havia assegurado garantias verbais do ministro das Relações Exteriores alemão Kohl e do secretário de Estado americano James Baker que a Otan, liderada pelos Estados Unidos, não se expandiria para a Europa Oriental, na sequência do desmoronamento do Pacto de Varsóvia liderado pelos soviéticos, nem mesmo para a Alemanha recém-unificada. Talvez tivesse essa garantia, mas Gorbatchov deveria ter se lembrado de nunca confiar nos capitalistas — e, como advogado, deveria saber que garantias se recebem por escrito. Em outubro de 1990, a antiga República Democrática Alemã foi absorvida pela República Federal da Alemanha e tornou-se, ipso facto, parte da Otan.

Fim do jogo

As viagens europeias de Gorbatchov o apresentaram à social-democracia escandinava, pela qual se sentiu atraído. Em fevereiro de 1990, ele disse ao Comitê Central do partido que "nosso ideal é um socialismo humano e democrático" e acrescentou que "continuamos comprometidos com a escolha feita em outubro de 1917". Mas o "socialismo humano e democrático" não fora a escolha feita em outubro de 1917. As contradições entre os dois compromissos de Gorbatchov significavam que poucas pessoas compartilhavam de ambos, e um número cada vez maior de nenhum deles. Havia partidários do sistema soviético conforme ele havia evoluído na época de Bréjnev, mas isso estava tão longe do espírito de outubro de 1917 quanto da social-democracia escandinava. Havia também oponentes do sistema soviético, mas poucos deles eram social-democratas.

No Ocidente, muitas pessoas ficaram animadas com a mensagem política moral de Gorbatchov, porém na União Soviética ela teve um papel diferente. Os cidadãos soviéticos ficaram perplexos, e o legado de Tchernóbil e sua contaminação de grandes áreas da Ucrânia e da Bielorrússia deram um tom apocalíptico à conversa popular. Antropólogos ocidentais que faziam trabalho de campo na Rússia durante a perestroika relataram uma preocupação quase dostoievskiana com o sofrimento e a alma russa (*duchá* — um conceito reprovado em todo o período soviético). Havia uma sensação de impotência: "forças" estavam empurrando a União Soviética, ninguém sabia para onde ou por quê. Havia também uma sensação de absurdo que abraçava os sonhos revolucionários do presente e do passado pelos quais tanto havia sido sacrificado. "A maneira como vivemos não é normal", as pessoas continuavam dizendo. "Se ao menos pudéssemos ser um país normal." Mas o que a normalidade significava, ninguém parecia saber.

A glasnost sobre o passado soviético na TV foi demais para muitos espectadores, que ficaram chocados e deprimidos com o que ficaram sabendo sobre o gulag e outras atrocidades soviéticas. Eles também ficaram perturbados com a deserção da Europa Oriental, expressando tanto um sentimento de injustiça ("Depois de tudo que fizemos por eles!") e um espanto melancólico ("Achávamos que eles gostavam de nós"). A nova permissividade que acompanhou a glasnost alienou muitos membros da geração mais velha enquanto excitava os jovens: não eram tomos social-democratas moralmente edificantes

O reator n. 4 danificado de Tchernóbil, coberto com um sarcófago protetor, está agora sob custódia da Ucrânia.

que apareciam nas bancas de rua, mas manuais de pornografia, astrologia, beleza e sexo, livros sobre percepção extrassensorial e forças das trevas, folhetos antissemitas e textos devocionais, incongruentemente amontoados juntos.

Embora a carreira de Iéltsin antes de 1985 não sugerisse que ele tivesse algo em comum tanto com nacionalistas russos quanto com intelectuais liberais, seu sucesso em se tornar um ponto focal para ambos durante a perestroika foi extraordinário. Moscou tornou-se uma colmeia de atividades radicais de todos os tipos, e a mídia soviética sediada em Moscou atuou como um megafone. Ao mesmo tempo, um setor privado um tanto esquálido e improvisado floresceu, com quiosques aparecendo por toda a cidade. Já havia um sentimento "pós-soviético" na capital durante esses anos, com estações de metrô trocando os nomes de antigos líderes soviéticos como Jdánov e Kalínin e as principais ruas da cidade retomando seus nomes pré-revolucionários no final de 1990 (a rua Górki voltou a ser Tverskáia; a praça Dzerjínski, Lubianka). Leningrado foi ainda mais longe:

um referendo decidiu por uma pequena margem mudar o nome da cidade de volta ao pré-soviético São Petersburgo.

Se havia uma situação de "pré-crise" na economia soviética em 1987, como Gorbatchov dissera, em 1990-1 já havia uma crise total, em grande parte consequência das próprias políticas de Gorbatchov. Os altos índices de popularidade de seus primeiros anos no poder caíram para 20% em 1990 e ficaram abaixo de zero em 1991. A taxa de crescimento da economia soviética também entrou em território negativo. Os preços do petróleo dispararam em novembro de 1990, mas voltaram para a faixa dos quarenta dólares em meados do ano seguinte. De qualquer modo, em relação ao ano anterior, a produção de petróleo soviética caiu 9% em 1991, o terceiro ano consecutivo de declínio, e havia temores de que a União Soviética tivesse de começar a importar petróleo se essa tendência continuasse. O que tinha sido um pequeno déficit orçamentário no início da década de 1980 havia inflado para perto de 58 bilhões de rublos no final de 1990 (esse era o número oficial; economistas americanos o colocavam muito mais acima). As reservas de ouro despencaram; os preços internos subiram. Havia inflação galopante, surgiram problemas de abastecimento nas cidades e a incidência de crimes de rua disparou.

Enquanto isso, a palavra ambígua, mas inquietante, "soberania" era ouvida por toda parte. Começou no Báltico, com reivindicações e depois declarações de soberania dos governos de frente popular instalados pelas eleições nas repúblicas; no final de 1990, já se havia espalhado para virtualmente todas as repúblicas, inclusive as da Ásia Central, onde as declarações não foram feitas por frentes populares que se opunham ao establishment soviético, mas pelos próprios establishments soviéticos locais (e nativos). Na verdade, as repúblicas possuíam "soberania" ou "direitos soberanos" limitados de acordo com as Constituições soviéticas de 1936 e 1977, mas agora queriam mais. O que soberania significava nesse momento era uma redução acentuada dos poderes de Moscou e a transferência de controle sobre os recursos (inclusive tributação) às repúblicas. A tendência era obviamente muito alarmante para Moscou, diante da possibilidade de que, em particular nos países bálticos, as reivindicações de soberania se transformassem em declarações de independência e separação da União. Mas ainda mais desconcertante foi que a República Russa, sob a liderança de Iéltsin, foi uma das primeiras (em junho de 1990) a afirmar a soberania de seu território e recursos — e logo ficou evidente que "recursos" incluíam impostos. A República Russa era o núcleo da União Soviética, com 77% do território soviético, 51% da população soviética em 1989 e cerca de três quintos do produto material líquido soviético. Se a Rússia (para não mencionar as repúblicas menores) decidisse ficar com todas as receitas tributárias arrecadadas em seu território, como o governo soviético iria governar?

Historicamente, a República Russa carecia de algumas das instituições específicas — inclusive um partido comunista russo, uma KGB e uma Academia de Ciências — que existiam em outras repúblicas soviéticas. Na origem, isso era para desencorajar o nacionalismo russo e, até certo ponto, parecia ter funcionado: de acordo com pesquisas de opinião soviéticas tardias, os russos eram mais propensos a pensar em si mesmos como "soviéticos" por nacionalidade do que qualquer outro grupo étnico. Mas na prática administrativa, sendo Moscou a capital tanto da União Soviética quanto da RSFSR, isso muitas vezes significava simplesmente que a distinção entre as jurisdições era turva. Antes da perestroika, ninguém jamais havia pensado em tentar usar a República Russa como base de poder numa luta pela liderança. Isto é, até Iéltsin aparecer.

Nas eleições republicanas de 1990, Iéltsin foi eleito presidente do Soviete Supremo da Rússia, que era sua base até que, em junho de 1991, ele foi eleito por voto popular para um novo cargo, por cuja criação era o grande responsável: a presidência da República Russa. Ainda em março de 1987, um deputado nacionalista russo havia sugerido sarcasticamente que uma saída russa da União poderia ser a solução para um problema, e sua piada fez o Congresso rir. Mas em 1990, não era mais uma piada. A Rússia havia parado de repassar os impostos que arrecadava para o governo soviético. A União Soviética de Gorbatchov e a República Russa de Iéltsin estavam precariamente enredadas numa nova e imprevista versão de "duplo poder".

Gorbatchov e Iéltsin não foram os únicos líderes soviéticos a se reposicionarem como presidentes das jurisdições em que haviam sido os altos funcionários do Partido Comunista. A maioria dos primeiros-secretários das repúblicas fez o mesmo, de modo que, no outono de 1991, a União Soviética consistia em várias repúblicas chefiadas por presidentes, com um superpresidente, o soviético, supostamente acima deles.

No início, o separatismo não estava no topo das agendas políticas da maioria das repúblicas. A presença de 25 milhões de russos em outras repúblicas era um obstáculo, e localmente a forma mais aguda da questão "nacional" era às vezes o conflito entre a nacionalidade titular e outros grupos étnicos, como no sangrento conflito pela Nagorno-Karabakh, uma região autônoma armênia no Azerbaijão. A República Russa também tinha suas regiões autônomas e repúblicas que começavam a fazer afirmações de soberania: Kazan, uma cidade historicamente russa no Volga com maioria tártara, declarou-se capital da Tartária, enquanto na Tchetchênia (para onde tchetchenos, ainda furiosos, tinham retornado havia relativamente pouco tempo do exílio) um Congresso Nacional exigiu pela primeira vez uma república tchetchena soberana em novembro de 1990.

As atitudes populares e as intenções da elite nas repúblicas não russas eram altamente voláteis. Em 1989, uma pesquisa realizada por uma revista popular registrou forte apoio majoritário à permanência na União em todo o país. Mas, na verdade, os três Estados bálticos, nunca totalmente reconciliados com sua incorporação à União Soviética, estavam se aproximando cada vez mais da saída, enquanto a Moldávia, também uma aquisição tardia, e a Geórgia, liderada por um ex-dissidente (Zviad Gamsakhúrdia), mostravam tendências semelhantes. Na Ásia Central, líderes locais estabelecidos com fortes raízes nativas não estavam sob pressão popular para se separar, mas a maioria deles não estava entusiasmada com a perestroika radical e a privatização e, portanto, cada vez mais desconfiava de Moscou a esse respeito. Dentro das repúblicas, muitas pessoas se convenceram de que eram vítimas históricas da exploração imperial russa (soviética). Na República Russa, é claro, pensavam o contrário.

Num referendo realizado em março de 1991 em toda a União sobre a preservação da União Soviética, a grande maioria votou a favor de uma "federação renovada da igualdade de repúblicas soberanas" (77% votaram "sim", inclusive 70% na Ucrânia). Mas a ambiguidade da formulação — que implicava que as repúblicas deveriam permanecer juntas, porém numa base diferente — era sublinhada pelo fato de que quando perguntados se queriam ser parte de uma Ucrânia soberana dentro de uma suposta Comunidade de Estados Soberanos, 80% dos eleitores ucranianos responderam "sim" a isso também. Além do mais, "em toda a União" já era um conceito reduzido, pois as seis repúblicas mais próximas de sair da União — os Estados Bálticos, Geórgia, Moldávia e Armênia — recusaram-se a participar do referendo. A União restante de nove repúblicas enviou seus líderes (entre eles, Iéltsin da Rússia, Nazarbáiev do Cazaquistão e Leonid Kravtchuk da Ucrânia) para discutir a situação com Gorbatchov em abril; essa reunião produziu um acordo para preparar um tratado estabelecendo uma "União de

Repúblicas Soberanas Soviéticas" ("socialistas" ficou de fora), dirigida por um presidente e com uma política externa e militar comum. Sob pressão de Iéltsin durante a elaboração subsequente, a "União" tornou-se cada vez mais parecida com uma confederação, e seu presidente perdeu progressivamente funções executivas; enquanto isso, os governos russo, ucraniano e de outras repúblicas continuaram a usurpar de forma discreta, nos bastidores, as funções soviéticas em seus territórios. Mas de qualquer modo, o tratado nunca seria implementado. Um golpe interveio.

As duas bases de poder de Gorbatchov eram o Partido Comunista e a presidência, mas a reputação e o moral do partido estavam afundando rapidamente e a presidência era um púlpito sem edifício de apoio dos administradores e mobilizadores. Apesar de um forte e contínuo suporte internacional, Gorbatchov estava se debatendo: como havia acontecido com o tsar e a Rússia imperial em 1916-7, sua legitimidade e a do regime soviético estavam se esvaindo. Qualquer observador racional tinha motivos para esperar um golpe contra ele da esquerda ou da direita — o mais provável é que fosse da direita, à maneira do general Kornílov em 1917. O golpe veio em meados de agosto, mas foi ridiculamente inepto, um verdadeiro esforço de trapalhões. Gorbatchov e sua família estavam de férias em Foros, na Crimeia, quando um grupo liderado por seu vice-presidente Guennádi Ianáiev, o ministro da Defesa Dmítri Iázov e o chefe da KGB Vladímir Kriútchkov, foi até lá para pedir-lhe que proclamasse uma emergência nacional. Quando ele se recusou, eles voltaram para Moscou e proclamaram eles mesmos a emergência, e Ianáiev assumiu a presidência interina durante a suposta doença de Gorbatchov. Enquanto isso, o casal Gorbatchov foi deixado por vários dias incomunicável e em prisão domiciliar em sua datcha em Foros.

Boris Iéltsin discursa em cima de um tanque durante o golpe, 19 de agosto de 1991 (o operador do tanque enterra a cabeça nas mãos).

A tentativa de golpe foi em grande parte uma iniciativa de Moscou, sem nenhuma pretensão séria de obter o apoio de dirigentes das repúblicas. O líder do Azerbaijão foi o único a emitir uma declaração apoiando o golpe; a maioria esperou prudentemente para ver o que aconteceria. Talvez, como Kornílov antes deles, os conspiradores de Moscou pensassem que estavam fazendo um favor a Gorbatchov ao tomar a iniciativa de salvar o país da desintegração. Mas o desempenho deles ao anunciar isso na televisão foi lamentável, e dezenas de milhares saíram em protesto pelas ruas de Moscou. Tropas e tanques do Exército foram para o centro da cidade, porém sem ordens ou inclinação para atirar. Iéltsin, em liberdade graças à incompetência dos conspiradores, tornou-se o herói do momento: fotografias dele em cima de um tanque deram a volta ao mundo. Os conspiradores perderam a coragem, e Gorbatchov foi libertado e voltou para Moscou. Mas sua estatura política e as perspectivas de sobrevivência da União Soviética haviam recebido um golpe fatal.

Gorbatchov e família retornando de Foros, 22 de agosto de 1991.

Na esteira do golpe, Iéltsin, presidente da República Russa, suspendeu as atividades do Partido Comunista em seus territórios. A Ucrânia, após um início lento, tivera um aumento do apoio nacionalista, e num referendo realizado em 1º de dezembro de 1991, 90% foram a favor da independência, com uma participação de 84% dos eleitores (o que significa que não apenas a maioria dos ucranianos da república votou a favor, mas também a maior parte de seus residentes russos).

No início de agosto, o presidente dos Estados Unidos, George H. W. Bush, havia apoiado Gorbatchov e a preservação da União, alertando contra o "nacionalismo suicida" num discurso feito na capital ucraniana e apelidado desrespeitosamente de "Frango a Kiev" pelos críticos americanos. Mas em novembro, Bush recuou sob intensa pressão do Congresso e do lobby ucraniano. A deserção iminente da Ucrânia e a provável aquiescência dos Estados Unidos foram pregos importantes no caixão soviético.

Mas foi Iéltsin o principal executor do fim da União Soviética. É famosa a frase da princesa Diana de que seu casamento estava um pouco lotado com três pessoas nele. O mesmo vale para a presença de dois presidentes em Moscou. Da dupla, Gorbatchov, não tendo sido eleito pelo povo, encontrava-se na posição mais fraca. Se ele tivesse renunciado após o golpe, abrindo caminho para Iéltsin sucedê-lo no cargo de presidente soviético, a União Soviética talvez não tivesse se desintegrado tão completamente como aconteceu depois, porque Iéltsin teria então mais interesse em sua sobrevivência, embora em forma revisada, do que em seu colapso. Mas foi apenas em 25 de dezembro de 1991 que Gorbatchov renunciou à presidência soviética — e nessa época, por iniciativa de Iéltsin, os chefes das repúblicas russa, ucraniana e bielorrussa já se haviam reunido secretamente e concordado com uma sucessora muito reduzida para a União Soviética, uma Comunidade de Estados Independentes, com um Exército unificado, mas sem presidente ou parlamento central, o que foi ratificado pelas três repúblicas alguns dias depois. Quando o secretário de Estado norte-americano Baker chegou a Moscou uma semana depois, foi recebido no Kremlin pelo presidente russo Iéltsin, acompanhado do novo ministro da Defesa soviético, marechal Evguiêni Chápochnikov. A renúncia de Gorbatchov foi o reconhecimento de uma situação já existente — que a nação da qual ele era presidente não existia mais.

Muitas mãos trabalhavam nos bastidores para proteger, esconder ou apropriar-se de bens do governo soviético e do Partido Comunista Soviético (dissolvido após o golpe) localizados em Moscou, mas foi Iéltsin, em nome da República Russa, que ficou com a parte do leão. Os líderes das repúblicas seguiram o exemplo em relação aos bens dos Estados e partidos comunistas em seus territórios. A República Russa tornou-se então o Estado sucessor da União Soviética, e a bandeira tricolor russa

A estátua de Dzerjínski, derrubada em 23 de agosto de 1991, está agora no Parque dos Monumentos Caídos em Moscou. Desde 2006, há uma cópia exata em Minsk, capital da Bielorrússia.

substituiu a bandeira soviética no alto do Kremlin. As outras repúblicas — algumas com entusiasmo, outras porque não tinham alternativa — declararam-se Estados soberanos independentes. A União Soviética, que apenas uma década antes era uma superpotência aparentemente estável, com Exército e polícia fortes e um partido no poder que recentemente contava com quase 20 milhões de membros, havia se autodestruído sem que um tiro fosse disparado em sua defesa.

Conclusão

Muito sangue foi derramado para fazer e manter a União Soviética. Parte era sangue de idealistas, parte de bandidos e carreiristas, mas a maior parte era sangue de pessoas comuns cuja principal preocupação era a sobrevivência. O país se isolou do resto do mundo por décadas, "construindo o socialismo", e parte substancial disso consistia em fortalecer e modernizar o Estado. Esse Estado cometeu grandes crimes contra seu povo: os Grandes Expurgos, deportações de cúlaques e nativos de diversas regiões e a criação e expansão do gulag. Depois veio o temido derramamento de sangue externo, a Segunda Guerra Mundial. Após o conflito, na esteira de dezenas de milhões de perdas humanas e uma tremenda destruição, e com as fronteiras mais uma vez fechadas, as coisas gradualmente foram se acalmando. Quase cinquenta anos se passaram sem grandes derramamentos de sangue ou convulsões.

De toda essa turbulência surgiu a União Soviética brejneviana, com a qual nossa história começou. Era um Estado de bem-estar social ainda comparativamente pobre, mas bastante igualitário. Todos podiam obter educação e emprego, embora as grandes oportunidades de mobilidade ascendente (ou descendente) dos anos anteriores à guerra tivessem desaparecido. A alta cultura fora trazida para as massas, embora isso irritasse alguns de seus criadores, do mesmo modo que sua proteção contra tendências "decadentes" do Ocidente. Os homens bebiam muito sem censura social; as mulheres, ainda obrigadas a usar o aborto como instrumento de planejamento familiar, arcavam com o duplo fardo do emprego e das tarefas domésticas. O multiculturalismo (para usar um termo anacrônico) era um compromisso social básico; expressões públicas de preconceito étnico eram tabus. A corrupção florescia nos interstícios da economia estatal, com seu sistema precário de planejamento centralizado. A indústria pesada, cuja construção foi o orgulho da década de 1930, causara grandes danos ao meio ambiente, como sublinhou o desastre de Tchernóbil. O compromisso declarado do regime com a paz internacional foi acompanhado de muitos gastos com os militares. As fronteiras estavam agora ligeiramente entreabertas, mas não o bastante para a classe média instruída. Os serviços de segurança haviam desistido do terror; a vigilância e a punição não eram mais infligidas de forma aleatória, mas focadas em indivíduos que decidiam assumir o papel de dissidentes — um número relativamente pequeno, porém com as "Vozes" estrangeiras, como a Radio Liberty, servindo como câmara de eco. O desenvolvimento da esfera privada era uma palavra de ordem, mas o teor previsível e monótono da vida soviética, tendo o didatismo presunçoso da propaganda soviética como pano de fundo familiar, atraía mais os velhos do que os jovens.

Bréjnev chamava isso de "socialismo", e essa classificação certamente atendia a muitos dos critérios formais — propriedade estatal, proteção do bem-estar, emancipação das mulheres e tolerância à diversidade étnica. Tinha a desvantagem de exigir que a União Soviética ficasse semi-isolada do mundo e carecesse de democracia, no sentido da capacidade popular de eleger e destituir líderes ou escolher entre partidos políticos concorrentes. Mas a falta de democracia não era uma grande preocupação para a maioria dos cidadãos; as principais queixas eram mais materiais. O "socialismo" deveria trazer abundância, só que o padrão de vida soviético estava abaixo daquele do Ocidente desenvolvido, e depois da década de 1960 já não parecia que essa defasagem seria superada tão cedo. Se aquilo era realmente socialismo, parecia que muitos cidadãos soviéticos queriam algo mais.

No momento em que a União Soviética acabou, todos começaram a chamá-la de "império". Essa palavra não havia sido usada na União Soviética, já que em termos soviéticos eram apenas os capitalistas que tinham impérios, e no Ocidente fora usada principalmente no contexto de um "império do mal". Mas no início dos anos 1990 ela tornou-se onipresente, e por razões compreensíveis: um Estado multinacional que de repente perde suas periferias deve com certeza ser um império, e uma vez que foi visto como um império, seu colapso era fácil de explicar em termos de libertação de suas colônias (as repúblicas soviéticas não russas) da exploração do centro imperial (Moscou e os russos). Isso era plausível, porém apenas parcialmente correto.

Em primeiro lugar, a suposição de que Moscou estava lucrando economicamente com suas "colônias" é duvidosa. Nas repúblicas não russas, as pessoas passaram a ver as coisas dessa maneira durante a perestroika. Por outro lado, na Rússia, as pessoas viram o oposto, com a vantagem econômica do lado das repúblicas, e os economistas ocidentais, embora geralmente evitem o tema por ser complicado demais para desvendar, estão inclinados a concordar com os russos. Em segundo lugar, o modelo de "libertação" sugere que as populações coloniais se levantaram contra seus opressores e os expulsaram. Com um pouco de esforço, isso poderia se encaixar no que aconteceu nas repúblicas bálticas (que a União Soviética podia se dar ao luxo de perder), mas dificilmente aplica-se ao resto. Na maioria dos casos, os líderes das repúblicas não tomaram suas decisões devido a uma irresistível pressão popular, mas como consequência do colapso da União, que lhes ofereceu a notável oportunidade de se tornarem líderes

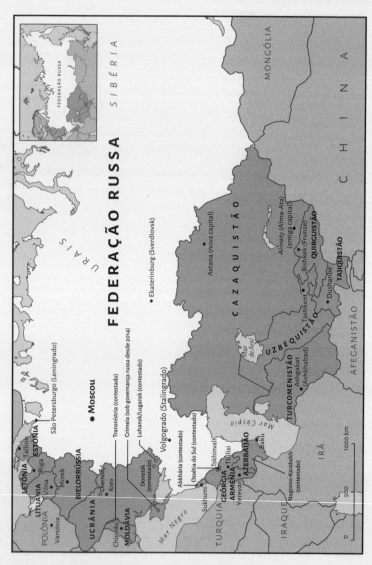

Federação Russa e Estados circundantes em 2014.

nacionais, essencialmente sem custos. Ademais, ao fazê-lo, estavam aderindo ao exemplo da Rússia, que, se seguirmos o modelo imperial, deve ser vista como se libertando da dominação "imperial" de si mesma.

Comentaristas ocidentais previram um futuro pós-soviético democrático para a Rússia (e, esperava-se, também para o resto dos novos Estados), já que sua economia se expandiria inevitavelmente sob a influência benigna do mercado. Mas os russos, com um senso de história, se prepararam para uma época de dificuldades. Não mais do que um quinto dos entrevistados nas pesquisas de opinião na década de 1990 achava que a Rússia se beneficiaria da "democracia" em sua versão ocidental, e a observação da prática política pós-soviética gerou reações negativas generalizadas à própria palavra, bem como a "liberdade" e "eleições". Em resposta a uma pesquisa de 1999 que perguntava aos russos quais de treze variáveis eram mais importantes para eles, "democracia" ficou em penúltimo lugar, menos popular do que qualquer uma das opções, exceto "liberdade de empreendedorismo". As principais escolhas foram "estabilidade" e "bem-estar social".

Shok foi a nova palavra onipresente na tumultuada primeira década pós-soviética sob o comando do presidente Iéltsin. A "terapia de choque" foi o método da política de privatização introduzida por ele, formulada com conselhos de economistas ocidentais e conduzida por Egor Gaidar (filho de um famoso autor de livros infantis da época soviética). Considerando-se que quase tudo havia pertencido anteriormente ao Estado, a privatização foi um enorme empreendimento sem precedentes para definir diretrizes. Os russos chamaram o resultado de "capitalismo selvagem", um processo pelo qual todos se apossaram de quaisquer bens que pudessem — aqueles com posições mais altas e melhores conexões no antigo Estado e aparato do partido sendo capazes de apoderar-se de mais — e então ficaram de guarda em cima deles. Até mesmo acadêmicos liberais da Escola Superior do Partido (o instituto de Iúri Afanássiev) foram estimulados a marchar pela cidade e requisitar um campus mais desejável. As armas, cuja propriedade privada não era permitida na União Soviética, proliferaram, assim como os seguranças em uniformes camuflados, com as camisas abertas para exibir correntes de ouro. Todo mundo estava procurando proteção (um "teto"), e muitas vezes era difícil dizer se os grupos que a forneciam eram policiais, grupos criminosos ou uma mistura de ambos.

Os apartamentos, anteriormente alugados do Estado a baixo custo, foram privatizados, e os inquilinos podiam comprá-los a preços vantajosos. O problema era que criminosos poderiam exigir pagamentos extorsivos e, em caso de não pagamento, expulsar os moradores. Os que ficavam, compraram portas de aço para seus apartamentos, mas isso não os mantinha seguros nas escadas ou nos elevadores, então os blocos de apartamentos começaram a instalar portões e campainhas de estilo ocidental em suas entradas. Moradores urbanos que tinham uma datcha no campo muitas vezes se refugiavam nela, alugando o apartamento na cidade para sobreviver. "Cultivar o próprio jardim" não era apenas uma metáfora, mas uma busca quase universal da década de 1990, quando os controles de preço de commodities básicas foram suspensos e os preços dispararam.

A inflação e o não pagamento de salários reduziram os pensionistas, e muitos colarinhos-brancos à penúria. Mulheres idosas ficavam do lado de fora das estações de metrô e ofereciam, sem dizer nada, alguns rabanetes ou um par de luvas de lã na esperança de que um passageiro apressado pudesse comprá-los. De repente, mendigos e sem-teto passaram a fazer parte da paisagem urbana. Trabalhadores com um local de trabalho sólido, como uma fábrica ou escritório, agarraram-se a ele, mesmo quando deixavam de ser pagos, tanto pela camaradagem quanto por quaisquer provisões que pudessem aparecer para distribuição interna. Os camponeses das fazendas coletivas esperavam que o chefe do *kolkhoz* mantivesse as coisas funcionando. Os intelectuais foram particularmente atingidos, não apenas pela pobreza (já que seus salários foram reduzidos a quase nada), mas pelo colapso das instituições básicas de sua vida, como as revistas "grossas". O alto valor que eles — e o Estado soviético — davam à educação e à alta cultura parecia ridículo para seus netos, que estavam aprendendo rapidamente americano e procurando uma maneira de ganhar dinheiro rápido. Com 60 mil em 2002, a Rússia tinha a maior taxa per capita de suicídios do mundo. A expectativa de vida masculina caiu drasticamente de pouco menos de 64 anos no início da década de 1990 para 58 uma década depois, e só voltou a aumentar em 2005. As mulheres russas, famosas por sua resiliência diante das dificuldades, mostraram-na novamente, perdendo apenas dois anos e meio de expectativa de vida no mesmo período. Algumas, ansiosas por se desemancipar, abraçaram o papel de dona de casa.

Alguns russos se saíram bem, principalmente à base de reações rápidas quando chegou o momento de se apropriar de um antigo ativo estatal. "Novos russos" era o termo para os novos-ricos, e "oligarcas" era o termo para o pequeno grupo de extremamente ricos, entre eles Boris Berezóvski e Mikhail Khodorkóvski, de cuja aprovação acreditava-se depender o regime de Iéltsin. Berezóvski, um matemático e engenheiro que nos últimos tempos soviéticos havia sido chefe de departamento em um instituto da Academia de Ciências, fez fortuna ao adquirir o principal canal de TV da Rússia; Khodorkóvski, um funcionário do Komsomol que iniciou sua carreira empresarial montando um café durante a perestroika, entrou no setor bancário privado e conseguiu adquirir a Yukos Oil do Estado a preço de banana em meados da década de 1990. Tendo em vista a forma como essas fortunas foram acumuladas, sempre havia uma mancha de ilegalidade nelas. O novo "capitalismo" da Rússia, embora parcialmente baseado em modelos ocidentais, também era um sucessor direto da antiga "segunda economia" soviética, funcionando com base em laços pessoais, e não em contratos numa área cinzenta da legalidade.

Os novos-ricos da Rússia eram notáveis por seu consumo extremamente ostentatório, inclusive com datchas que se transformavam em castelos barrocos, para admiração dos moradores das aldeias vizinhas. Eles também passavam muito tempo no Ocidente, enviavam seus filhos para escolas de elite na Grã-Bretanha e na Suíça, e guardavam grande parte de sua riqueza recém-adquirida no exterior. As viagens irrestritas ao Ocidente para aqueles que podiam pagar foram uma das grandes bênçãos do período pós-soviético para os russos; descobriu-se que de todas as restrições impostas pelo sistema soviético, esta havia sido particularmente irritante. Agora, pela primeira vez em setenta anos, os russos podiam deixar seu país (e não apenas como turistas) sem se considerarem emigrantes. Intelectuais e artistas de alto nível, assim como empresários, podiam agora estabelecer residências em ambos os lados da fronteira. Mulheres jovens que percebiam a atração pelas fronteiras abertas podiam agora ir para a Europa trabalhar como prostitutas.

A nova Rússia tinha uma imprensa livre, variada em expressão política e quente no rastro de escândalos atuais, reais e imaginários, bem como históricos. Mas os jornalistas mais ousados levavam uma vida arriscada, e seus assassinatos — assim como assassinatos de empresários por seus rivais — tornaram-se relativamente comuns. A intelligentsia foi achatada com o colapso da perestroika (pelo qual, juntamente com Gorbatchov, foi considerada culpada aos olhos de grande parte da população), e seus membros, sofrendo com a perda de status e o descrédito de suas reivindicações de liderança moral, tiveram dificuldade em se firmar na nova Rússia. Passaram a existir partidos políticos; um Partido Comunista russo revivido ganhou mais força na década de 1990, mas também havia partidos liberais e nacionalistas e, nas ruas, alguns capangas quase nazistas. Os partidos disputavam as eleições para o novo parlamento, chamado de Duma como nos tempos tsaristas. A Duma tornou-se um lugar de muitas discussões animadas e algumas leis extraordinárias (uma lei "restaurou" a União Soviética), mas como o presidente não era obrigado a aprovar sua legislação, isso não importava muito. O próprio presidente Iéltsin não formara um partido. Ele era um alcoólatra com problemas cardíacos, e tanto sua saúde quanto seu comportamento tornaram-se cada vez mais erráticos.

Enquanto a KGB sobrevivia à mudança de regime com um novo nome (Serviço de Segurança Federal, o FSB) e mantinha o controle de seus arquivos, o Partido Comunista soviético perdeu seus arquivos, juntamente com o resto de sua propriedade, para a nova Federação Russa, que os abriu. Eles foram usados como prova num julgamento sobre a legalidade do Partido Comunista soviético no Tribunal Constitucional da Rússia cm 1992, desencadeado por uma ação movida por ex-comunistas que alegavam que a dissolução do Partido Comunista por Iéltsin no ano anterior havia sido inconstitucional. Isso provocou uma contestação que afirmava que o que havia sido inconstitucional era todo o período de governo do Partido Comunista desde 1917. O julgamento seria uma bênção para os historiadores, pois liberou uma massa de documentos anteriormente secretos, mas o correspondente do *Washington Post* em Moscou, que compareceu às audiências, ficou surpreso ao descobrir que ninguém mais parecia se importar.

Uma das primeiras reações populares ao colapso da União Soviética foi fingir que os 74 anos que separavam a nova Federação Russa de sua precursora pré-revolucionária nunca existiram. Esse passado tsarista era algo que as pessoas estavam

Estátuas de Lênin (à esq.) em seu novo lar de Moscou, o Parque das Estátuas Caídas.

ansiosas para recuperar naqueles anos. A velha águia imperial de duas cabeças voltou como símbolo de Estado. Os russos retomaram uma ortodoxia em parte esquecida e redescobriram ancestrais nobres, assim como haviam descoberto ascendentes proletários no início do período soviético. Abriram-se restaurantes com decoração pseudoimperial de mau gosto. Videntes e feiticeiros tornaram-se extremamente populares, e um astrólogo era uma das figuras mais queridas da televisão. O Dia da Revolução, 7 de novembro, continuou a ser um feriado público, mas com o novo nome otimista de "Dia da Reconciliação e do Acordo". Foram tantos os monumentos de líderes soviéticos derrubados que Moscou teve de criar um parque especial para colocá-los. Mas a cidade também adquiriu uma nova catedral de Cristo Salvador, erguida não muito longe do Kremlin, no local onde ficava sua antecessora, explodida pelos soviéticos em 1931.

A questão de saber se uma nova identidade e nacionalidade "soviética" estavam surgindo, como afirmava a Constituição de 1977, havia sido um tema de controvérsia nos últimos tempos soviéticos, mas agora podia ser respondida afirmativamente com confiança. *Sovok* (literalmente, pá de lixo) era o novo termo pejorativo para "homem (e mulher) soviético", e essas pessoas ignorantes eram habitualmente ridicularizadas na imprensa. Publicou-se um *Dicionário interpretativo da língua de Sovdepia* (a União Soviética) como guia (ou memorial) para o uso linguístico soviético. Havia também novos dicionários muito necessários de palavras estrangeiras e mudanças recentes no russo falado e escrito. A linguagem dos meios de comunicação de massa foi repentina e drasticamente ocidentalizada, com um grande número de palavras inventadas que soavam tão bizarras em russo quanto as siglas soviéticas de outrora. O romance *Homo Zapiens*, de Víktor Pelévin, muito conhecido na década de 1990, era uma comédia de humor ácido ambientada no novo mundo da publicidade e da televisão, na qual *ímidj* (imagem) e *pi-ar* (as iniciais PR, de relações públicas em inglês) eram tudo e as identidades essenciais haviam desaparecido.

Não eram apenas os indivíduos que estavam em processo de reinvenção de si mesmos. Isso valia também, de modo ainda mais dramático, para os novos Estados-nação que, como observou um comentarista, foram abruptamente jogados na posição de Estado antes de terem alcançado o status de nação independente. Muitos deles eram liderados pelos ex-primeiros-secretários do partido de suas repúblicas, que negociaram sua transição para presidente pouco antes do colapso e mantiveram o cargo. Nursultan Nazarbáiev, que renunciaria ao cargo de presidente do novo Cazaquistão independente em 2019, aos 78 anos, foi um deles, assim como os presidentes do Azerbaijão, Uzbequistão e Turcomenistão, onde Saparmurat Niiázov superou os demais, tornando-se "presidente vitalício". A Geórgia, por sua vez, era dirigida por um ex-dissidente e estudioso de Shakespeare, Zviad Gamsakhúrdia, até sua substituição pelo ex-ministro das Relações Exteriores de Gorbatchov, Eduard Shevardnadze, que, por sua vez, foi substituído por um entusiasta do livre-mercado, Mikheil Saakachvíli, cuja posição de graduado da era da perestroika de uma universidade ucraniana poderia, em épocas anteriores, ser citada como um exemplo de "amizade dos povos" soviéticos. Entre os outros estilos de liderança improvisada na região estava o de um ex-ativista do Komsomol no Cáucaso do Norte, retratado por Gueórgui Derluguian (em *O admirador secreto de Bourdieu no Cáucaso*), no ato de reinvenção de si mesmo como líder islâmico de uma rebelião nacionalista contra o novo poder hegemônico, a Geórgia independente.

Se a União Soviética federal podia desmoronar e se tornar um monte de Estados nacionais independentes separados, por que não a República Russa? Aqui os potenciais separatistas eram o Tartaristão (anteriormente a república autônoma tártara, ou Tartária) e a Tchetchênia. Mas Iéltsin, e Vladímir Pútin depois dele, traçaram um limite. No caso da Tchetchênia, isso significou uma guerra — um dos muitos conflitos baseados na nacionalidade pós-soviética, inclusive o conflito de Nagorno-Karabakh, envolvendo a Armênia e o Azerbaijão — que seria uma ferida aberta por anos. O Tartaristão tomou um rumo diferente, assinando um tratado com a Rússia que dava aos tártaros "soberania igual" (mas não soberania independente) e uma participação nas receitas do petróleo da república, e foi recompensado por Pútin com um novo sistema de metrô para Kazan.

No âmbito internacional, a Rússia pós-soviética foi beneficiária de muita tutela e investimentos privados americanos, e conseguiu manter o assento soviético no Conselho de Segurança das Nações Unidas. Mas seu status no mundo foi bastante reduzido e teve de aceitar a expansão da Otan para o leste,

Antes e depois: Saparmurat Niiázov como primeiro-secretário do Partido Comunista do Turcomenistão soviético e como presidente do Turcomenistão (pós-soviético independente).

o que Gorbatchov achava que o Ocidente havia prometido não permitir. Polônia, República Tcheca c Hungria foram admitidas na Otan em 1999, e Eslováquia, Eslovênia, Bulgária, Romênia e as três repúblicas bálticas seguiram o mesmo caminho em 2004. Pior ainda, do ponto de vista russo, era o fato de que Ucrânia e Geórgia, embora ainda não admitidas na Otan, fossem reconhecidas como estando na fila de espera. Era questionável se a Rússia ainda era uma potência global, quanto mais uma superpotência. É óbvio que ainda era uma potência regional, mas sua região consistia principalmente de ex-repúblicas soviéticas e ex-nações do bloco soviético. Depois de encorajar as repúblicas a deixar a União em 1991, Iéltsin e seu ministro das Relações Exteriores, Andrei Kózirev, mudaram rapidamente de opinião e fizeram saber que consideravam a República Russa um ímã natural em torno do qual outros Estados vizinhos voltariam provavelmente a se reunir de algum modo ou outro. Mas a resposta foi morna: tirar o gênio do separatismo da garrafa foi muito mais fácil do que colocá-lo de volta. Enquanto isso, pesquisas de opinião na Rússia sugeriam que 71% achavam que a dissolução da União Soviética havia sido um erro.

Iéltsin permaneceu no comando durante a maior parte da década de 1990, mas uma crise financeira em 1998 levou o país à beira da falência, quando o Banco Central da Rússia não pagou sua dívida e desvalorizou o rublo. Ao procurar um sucessor à medida que sua saúde se deteriorava, Iéltsin topou com um homem pouco conhecido, ex-membro da KGB, chamado Vladímir Pútin, um aficionado de judô de modos discretos que vinha trabalhando no governo do Kremlin nos últimos anos. Iéltsin nomeou-o primeiro-ministro em 1999, permitindo-lhe tornar-se presidente interino quando renunciou alguns meses depois. Nas eleições presidenciais de 2000, para surpresa de muitos, mas ajudado pelos sucessos militares russos na Tchetchênia, Pútin obteve 53% dos votos populares no primeiro turno.

Certa vez, Pútin se descreveu, não sem um toque de ironia, como "um produto absolutamente bem-sucedido da educação patriótica de um homem soviético". Nascido no auge da privação do pós-guerra, filho de pais da classe operária de Leningrado, formou-se advogado e depois ingressou na KGB por convicção e romantismo (histórias heroicas de espionagem eram populares na União Soviética em sua juventude). Nos últimos dez anos de sua carreira soviética, em que não se distinguiu particularmente, foi agente soviético na Alemanha Oriental e observou seu colapso dramático em 1989 antes de retornar ao caos crescente da União Soviética. Ele nunca deixou formalmente o Partido Comunista, apenas enfiou seu cartão de inscrição numa gaveta quando se tornou irrelevante. De volta à Rússia, trabalhou para o líder de Leningrado, Anatóli Sobtchak, e depois mudou-se para Moscou, em 1996. Pútin não era somente um produto da cidade de Lênin — Leningrado —, como ainda tinha uma tênue conexão familiar com ele, por meio de seu avô, que fora cozinheiro da viúva de Lênin na década de 1920. Se ainda fossem tempos soviéticos, alguém certamente teria destacado que o neto de um cozinheiro à frente do governo era o cumprimento da previsão de Lênin em *O Estado e a revolução*.

O desempenho inicial de Pútin como líder foi inesperadamente impressionante. Posicionando-se como um nacionalista russo (moderado) e crente ortodoxo, mas com respeito pelo passado soviético, ele se propôs a controlar os oligarcas, deter a desintegração da Rússia (como no caso da Tchetchênia), corrigir os excessos do "capitalismo selvagem" e reafirmar um grau de controle estatal sobre o sistema financeiro e indústrias essenciais, como a do gás. Seus esforços foram auxiliados pela elevação do preço internacional do petróleo, que em 2008 chegou a 137 dólares o barril, antes de cair novamente em 2014. Ele ofereceu estabilidade e a esperança de restaurar parte do status internacional perdido da Rússia e foi recompensado por índices de aprovação de alto a muito alto (atestado por pesquisas de opinião independentes e estatais). Como parte de sua campanha contra os oligarcas da época de Iéltsin, Boris Berezóvski foi forçado a emigrar (ele morreria em Londres em circunstâncias misteriosas, em 2013), enquanto Mikhail Khodorkóvski foi acusado de crimes financeiros em 2003 e cumpriu uma pena de prisão antes de deixar o país.

Em um prolongado conflito de puxa-empurra, Pútin aumentou aos poucos o poder presidencial para demitir governadores provinciais em desacordo com Moscou. Politicamente, teve o apoio de um novo partido nacional, o Rússia Unida, que concorreu às eleições para a Duma e ao qual se esperava a adesão de todos os governadores provinciais (era mais um mecanismo de entrega de votos e escolha de candidatos a cargos federais, como a famosa "máquina partidária" de Richard Daley em Chicago, do que um partido convencional, e Pútin, como o prefeito Daley, agia sem um Politburo). Baseando-se em parte nos *siloviki* — pessoas, como o próprio Pútin, que saíram das forças militares e da polícia de segurança soviética —, seu governo se mostrou cada vez mais intolerante à contestação política (apesar da manutenção de uma estrutura eleitoral) e manipulou o sistema para permanecer no poder quando seu mandato constitucional terminou em 2008. Em 2022, aos setenta anos, ele está em seu quarto mandato de presidente da Rússia.

Após as aberturas iniciais, Pútin parecia ter desistido de restabelecer boas relações com o Ocidente e talvez até tenha começado a gostar de desprezar a opinião pública ocidental. As revoluções "coloridas" de 2003-5 na Geórgia, Ucrânia e Quirguistão desempenharam um papel importante nesse distanciamento, uma vez que os líderes russos estavam convencidos de que a Otan e os Estados Unidos pairavam por trás delas, visando desestabilizar governos simpatizantes da Rússia, e poderiam tentar as mesmas técnicas na própria Rússia. O passado de Pútin na KGB parecia ressurgir com "truques sujos" evidentemente emanados de seu governo, como o envenenamento na Inglaterra dos ex-agentes de inteligência russos Aleksandr Litvinenko, em 2006, e Serguei Skripals, em 2018. Em 2014, a Rússia retomou a Crimeia, oferecida à Ucrânia soviética em 1954 por Khruschóv, num gesto expansivo. Essa região, importante para a Rússia como sede da frota do mar Negro, era predominantemente de língua russa, com cerca de dois terços de sua população identificando-se como russos étnicos, sendo o restante principalmente ucranianos e tártaros da Crimeia (que haviam retornado de seu exílio forçado na década de 1940 após o colapso do União Soviética). A Rússia também apoiou e patrocinou movimentos separatistas nas províncias de Donbass e Lugansk, no Leste da Ucrânia, que abrigam cerca de um sétimo da população do país, na qual os russos étnicos eram quase tão numerosos quanto os ucranianos. Essas ações provocaram indignação no Ocidente, mas foram populares na Rússia.

Para a maioria dos russos que lamentava a morte da União Soviética, todo o período soviético, da NEP ao início da perestroika, era lembrado (não, é claro, com perfeita exatidão) como um tempo de ordem pública, segurança e preços baixos de produtos básicos. À medida que a população soviética reavaliava seus líderes anteriores, Bréjnev foi o grande beneficiado. Para muitos russos do início dos anos 2000, a era Bréjnev se destacava como uma idade de ouro. "Nem guerras nem revoluções. Nem fome nem revoltas", escreveu um admirado biógrafo russo de Bréjnev em 2002. Uma vida melhor para "o simples trabalhador soviético, isto é, para a grande maioria do povo"; em suma, "a melhor época em todo o sofrido século XX".

Iéltsin e Gorbatchov receberam pouca atenção do público numa pesquisa de 2017 que descobriu que "raiva, desprezo" eram os sentimentos predominantes de 30% dos entrevistados em relação a ambos, enquanto outros 15% a 13% escolheram "nojo, ódio". Tratava-se de uma atitude em relação a Gorbatchov muito diferente da admiração e simpatia predominantes no Ocidente: para os russos, ele não era o herói da reforma democrática, mas o homem que perdeu a União. Os dois ex-líderes, no entanto, não se tornaram "não pessoas" na boa e velha tradição soviética: aos noventa anos, Gorbatchov ainda era formalmente presidente da Fundação Gorbatchov, sem fins lucrativos, enquanto Iéltsin, falecido em 2007, foi homenageado com um espetacular Museu Iéltsin em seus Urais nativos.

A mesma pesquisa de 2017 mostrou que, em termos de estima pública, Stálin (com 32% dos entrevistados escolhendo "respeito" como a melhor descrição de sua atitude em relação a ele) teve pontuação mais alta do que qualquer líder, exceto Pútin (49%); Lênin ficou em terceiro lugar, com 26%. Para uma nação humilhada, Stálin era o exemplo histórico de orgulho e conquista nacional — o construtor da nação e de seu poderio industrial, e o homem que levou essa nação à vitória

Mikhail Gorbatchov em 2014, com o sovietólogo americano Stephen F. Cohen (sentado) e sua esposa, Katrina van den Heuvel. Atrás deles está Dmítri Murátov, editor da *Nóvaia Gazeta* e vencedor do Prêmio Nobel da Paz de 2021.

na Segunda Guerra Mundial. O lado repressivo do legado de Stálin parecia de menor interesse para a maioria dos russos pós-soviéticos.

A Segunda Guerra Mundial tornou-se central para o mito nacional da nova Federação Russa, assim como havia sido para o Estado soviético que a precedeu, e Stálin personificava a vitória. Desde 2014, russos podem ser punidos por apresentar uma imagem pouco lisonjeira das atividades soviéticas durante a guerra e, em 2021, a câmara baixa da Duma aprovou uma lei que pune insultos a veteranos da Segunda Guerra Mundial com até cinco anos de prisão. Esses difamadores vêm muitas vezes da Ucrânia e reabilitam guerrilheiros nacionalistas antissoviéticos como os "benderitas". Ao mesmo tempo, a Ucrânia estava desenvolvendo seu próprio mito de fundação nacional, em forte desacordo com o russo. Ele concentrava-se no

Holodomor, a fome do início da década de 1930, reinterpretada como genocídio contra o povo ucraniano.

Pútin era um dos que admiravam Stálin como construtor da nação. Ele fez um brinde ao aniversário de Stálin numa reunião com os líderes da Duma em dezembro de 1999, e em 2000, um de seus primeiros atos como presidente foi repor o antigo hino nacional soviético como hino da Rússia — é certo que com novas palavras, mas também escritas pelo autor da letra original, Serguei Mikhalkov, um estimado escritor soviético que em seu tempo ganhara três prêmios Stálin. De início, Pútin tinha pouco a dizer sobre o terror de Stálin, mas essa era uma grande preocupação de seu aliado político, a Igreja ortodoxa. Em 2017, em companhia do patriarca Kirill, ele inaugurou um monumento em Moscou às vítimas da repressão política, e, no ano seguinte, fez o mesmo por Aleksandr Soljenítsin (o antigo dissidente que havia retornado à Rússia em 1994), com o comentário que o "sistema totalitário soviético trouxe sofrimento e grandes dificuldades a milhões".

A maioria das pessoas que gostam de Stálin também gostam de Lênin — mas isso não se aplica a Pútin, apesar do relacionamento de seu avô com ele. Em 2017, Pútin deixou passar a oportunidade de fazer uma grande celebração do centésimo aniversário da Revolução Russa. Ele tinha problemas com Lênin em relação ao derramamento de sangue da guerra civil e à execução de toda a família do tsar, até mesmo seu cachorro, em 1918. Mas seu verdadeiro problema com Lênin era que, como revolucionário, ele havia sido um destruidor de nação, não um construtor de nação como Stálin. Apesar das objeções de Stálin, lembrou o historiador amador Pútin, Lênin insistiu em inserir uma cláusula na Constituição soviética original dando às repúblicas o direito de secessão. "Era uma bomba-relógio que apontava para nós", observou Pútin. Khruschóv também ganhou sua ira por uma questão semelhante, a transferência da Crimeia para a Ucrânia em 1954, pela qual — Pútin disse à Duma em 18 de março de 2014 — a Rússia "não foi simplesmente roubada, foi saqueada".

Pessoas de todo o mundo se regozijaram com o desaparecimento da União Soviética por ser um Estado em que muito mal foi feito, embora alguns o lamentassem por ser ao menos uma tentativa de socialismo. Mas para muitos russos que nasceram naquele Estado, a história era diferente. Saindo do atraso, a Rússia conquistara milagrosamente seu lugar ao sol no século XX, primeiro liderando o mundo na marcha ao socialismo e depois se tornando uma superpotência — e então tudo isso foi subitamente arrancado sem motivo aparente, junto com o respeito do mundo e o império herdado dos tsares. Ainda por cima, o Ocidente continuou, após um breve interlúdio na

O presidente Pútin e o patriarca Kirill no serviço de Páscoa na catedral Cristo Salvador de Moscou, 24 de abril de 2015.

década de 1990, a tratar a Rússia com quase o mesmo grau de hostilidade de quando era a superpotência inimiga na Guerra Fria. Isso equivalia a xenofobia aos olhos russos. ("Antes, diziam que nos odiavam porque éramos comunistas, mas depois deixamos de ser comunistas e eles ainda nos odeiam.")

Quanto à restauração futura, o resumo aforístico de Pútin era: "quem não sente arrependimento pela morte da União Soviética não tem coração, e quem espera restaurá-la não tem cérebro". Mas quem sabe o que o futuro reserva? Um líder com cérebro (alguém como Pútin?) pode ver uma maneira de recuperar parte do que foi perdido, mesmo que fique aquém da "restauração". Por que a Ucrânia deveria sofrer as tremendas perdas econômicas e a "desindustrialização" decorrentes da separação da Rússia, refletiu Pútin numa entrevista em 2020, quando "somos o mesmo povo", e juntos poderíamos ser um ator global de novo? A invasão da Ucrânia em fevereiro de 2022, embora tornando esse resultado extremamente improvável no futuro próximo, mostrou que não era uma reflexão qualquer. O fantasma da União Soviética não iria desaparecer com tanta rapidez quanto a própria União Soviética. Ainda assim, a sensação de ter em mãos o mandato da História, que inspirou líderes soviéticos de Lênin a Gorbatchov, era irrecuperável. Pútin, como um bom cidadão soviético educado no marxismo-leninismo, sem dúvida acreditara em algum momento na inevitabilidade histórica. Mas não mais; não desde aquela demonstração arrasadora do poder irresistível da contingência em 1989-91. Como ele disse numa entrevista em 2000,

> Você sabe que há muita coisa que parece impossível e inimaginável e então — *bum!* Veja o que aconteceu com a União Soviética. Quem poderia imaginar que ela simplesmente entraria em colapso?

Agradecimentos

Aos quatro a quem este livro é dedicado devo agradecer em primeiro lugar pela contribuição para minha compreensão da história soviética, em conversas e discussões, bem como por meio de seus trabalhos publicados. Na qualidade de meu mentor autonomeado desde meus primeiros dias em Moscou, como estudante de pós-graduação no British Exchange, no fim dos anos 1960, Ígor Sats desempenhou um enorme papel na formação de minha visão da União Soviética. Jerry Hough, com quem estive casada de 1975 a 1983, me ensinou muito sobre a política soviética e compartilhou muitas das experiências que informam a história contada neste livro. Seweryn Bialer, meu colega e interlocutor na Universidade de Columbia na década de 1970, acrescentou sua perspectiva inconfundível sobre assuntos comunistas por ter sido um deles. Stephen F. Cohen, que quando cheguei aos Estados Unidos me recrutou como aliada nos conflitos sovietológicos e depois se arrependeu, foi a princípio um crítico e rival e depois, com o passar dos anos, um amigo.

A escrita deste livro me levou a alguns aspectos da história soviética que eu conhecia em grande parte através da pesquisa primária de outros, alguns deles meus alunos de doutorado na Universidade de Chicago nos anos 1990 e 2000. Sobre as nacionalidades soviéticas, devo muito a Ronald Suny, Vera Tolz-Zilitinkevic, Yuri Slezkine, Marianne Kamp, Matthew Payne, Terry Martin, Michael Westren, Andrew Sloin, Flora

Roberts e Michaela Pohl, bem como aos editores de *Ab Imperio*, pois ler todas as edições de sua revista pós-soviética foi uma parte estimulante e proveitosa de minha preparação para este livro. Sobre as regiões e administração regional, a dívida é para com Yoram Gorlizki, Jonathan Bone, James Harris, Golfo Alexopoulos, Alan Barenberg e Julia Fine; sobre saúde pública, para com Christopher Burton, Benjamin Zajicek e Michael David; sobre as guerras e suas consequências, para com Joshua Sanborn, Roger Reese, Jeong-Ha Lee, Natalie Belsky e Mark Edele; e em relação à economia, devo a Stephen Wheatcroft, Oscar Sibony-Sanchez, Charles Hachten, Julie Hessler, Kyung Deok Roh e Kristy Ironside.

Meus sinceros agradecimentos pela ajuda e apoio na localização de materiais vão para a falecida June Farris e Sandra Levy, bibliotecárias eslavas da Universidade de Chicago; Chris Franz, da East View Press; e Rena McGrogan na Universidade de Sydney.

Kate Fullagar, minha colega na Universidade Católica Australiana, inadvertidamente me levou a pensar em começar minha história em 1980 por meio de sua discussão sobre escrever a história de frente para trás.

Sou imensamente grata às quatro pessoas que leram o manuscrito ou uma parte substancial dele e fizeram comentários e críticas detalhados e muito úteis: Vera Tolz-Zilitinkevic, Graeme Gill, Chris Feik e Ruth Balint. Em consequência, o livro melhorou muito. Katja Heath prestou um excelente serviço na busca das ilustrações.

A equipe da Black Inc. foi exemplar, e agradeço a todos: Chris Feik (que sugeriu o projeto), Kate Hatch, Kate Nash, Erin Sandiford e Julia Carlomagno.

Leituras adicionais

Esta não é uma bibliografia abrangente, e sim um guia para as obras, inclusive as minhas, nas quais me baseei profundamente ao escrever este livro.

Geral

DAVIES, R. W.; HARRISON, Mark Harrison; WHEATCROFT, S. G. *The Economic Transformation of the Soviet Union, 1913-1945*. Cambridge: Cambridge University Press, 1994.

FITZPATRICK, Sheila. *On Stalin's Team: The Years of Living Dangerously in Soviet Politics*, Princeton: Princeton University Press, 2015.

_____. *The Russian Revolution*. 4. ed. Oxford: Oxford University Press, 2017.

GORLIZKI, Yoram; KHLEVNIUK, Oleg. *Substate Dictatorships: Networks, Loyalty, and Institutional Change in the Soviet Union*. New Haven: Yale University Press, 2020.

HANSON, Philip. *The Rise and Fall of the Soviet Economy: An Economic History of the USSR, 1945-1991*. Londres: Routledge, 2014.

HOUGH, Jerry F.; FAINSOD, Merle. *How the Soviet Union Is Governed*. Cambridge: Harvard University Press, 1982.

LOVELL, Stephen. *The Shadow of War: Russia and the USSR, 1941 to the Present*. Chichester: Wiley-Blackwell, 2010.

NOVE, Alec. *An Economic History of the USSR, 1917-1991*. 3. ed. Londres: Penguin, 1992.

RIGBY, T. H. *Communist Party Membership in the USSR, 1917-1967*. Princeton: Princeton University Press, 1968.

SIEGELBAUM, Lewis H.; MOCH, Leslie Page. *Broad Is My Native Land: Repertoires and Regimes of Migration in Russia's Twentieth Century*. Ithaca: Cornell University Press, 2014.

SIMON, Gerhard. *Nationalism and Policy toward the Nationalities in the Soviet Union*. Trad. de Karen Forster e Oswald Forster. Boulder: Westview Press, 1991.

SLEZKINE, Yuri, "The Soviet Union as a Communal Apartment", *Slavic Review*, v. 53, n. 2, 1994. In: FITZPATRICK, Sheila (Org.). *Stalinism: New Directions*. Londres e Nova York: Routledge, 2000.

_____. *The Jewish Century*. Princeton: Princeton University Press, 2011.

SUNY, Ronald Grigor. *The Soviet Experiment: Russia, the USSR, and the Successor States*. Nova York: Oxford University Press, 2011.

Introdução

BIALER, Seweryn. *Stalin's Successors: Leadership, Stability, and Change in the Soviet Union*. Cambridge: Cambridge University Press, 1980.

COHEN, Stephen F.; RABINOVITCH, Alexander; SHARLET, Robert S. (Orgs.). *The Soviet Union since Stalin*. Londres: Macmillan, 1980.

VERDERY, Katherine. *What Was Socialism, and What Comes Next?*. Princeton: Princeton University Press, 1996.

Capítulo 1

HENDERSON, Robert. *The Spark That Lit the Revolution: Lenin in London and the Politics That Changed the World*. Londres: I. B. Tauris, 2020.

PIPES, Richard. *Russia under the Old Regime*. Harmondsworth: Penguin, 1977.

SOLZHENITSYN, Alexander. *Lenin in Zurich*. Trad. de H. T. Harmondsworth: Penguin, 1976.

SUKHANOV, N. N. (Org.). *The Russian Revolution, 1917: Eyewitness Account*. Ed. Joel Carmichael. Nova York: Harper, 1962.

Capítulo 2

COHEN, Stephen F. *Bukharin and the Bolshevik Revolution: A Political Biography, 1888-1938*. Nova York: Alfred A. Knopf, 1973.

DANIELS, Robert V. *The Conscience of the Revolution: Communist Opposition in Soviet Russia*. Nova York: Simon & Schuster, 1960.

FITZPATRICK, Sheila. *Education and Social Mobility in the Soviet Union, 1921-1934*. Cambridge: Cambridge University Press, 1979.

_____. *The Cultural Front: Power and Culture in Revolutionary Russia*. Ithaca: Cornell University Press, 1992.

KOTKIN, Stephen. *Stalin: Paradoxes of Power, 1878-1928*. Nova York: Allen Lane, 2014.

MARTIN, Terry. *The Affirmative Action Empire: Nations and Nationalism in the Soviet Union, 1923-1939*. Ithaca: Cornell University Press, 2001.

RIGBY, T. H. *Lenin's Government: Sovnarkom 1917-1922*. Cambridge: Cambridge University Press, 1979.
SERVICE, Robert. *Lenin: A Biography*. Cambridge: Harvard University Press, 2000.

Capítulo 3

CONQUEST, Robert. *The Great Terror: Stalin's Purge of the Thirties*. Londres: Macmillan, 1968.
EDELE, Mark. *Stalinist Society, 1928-1953*. Oxford: Oxford University Press, 2011.
FITZPATRICK, Sheila (Org.). *Cultural Revolution in Russia, 1928-1931*. Bloomington: Indiana University Press, 1978.
_____. *Stalin's Peasants: Resistance and Survival in the Russian Village after Collectivization*. Nova York: Oxford University Press, 1994.
_____. *Everyday Stalinism: Ordinary Life in Extraordinary Times: Soviet Russia in the 1930s*. Nova York: Oxford University Press, 1999.
GETTY, J. Arch; NAUMOV, Oleg V. *The Road to Terror: Stalin and the Self-Destruction of the Bolsheviks, 1932-1939*. New Haven: Yale University Press, 1999.
KOTKIN, Stephen. *Magnetic Mountain. Stalinism as a Civilization*. Berkeley: University of California Press, 1995.
_____. *Stalin: Waiting for Hitler*. Nova York: Allen Lane, 2017.
SOLZHENITSYN, Aleksandr I., *The Gulag Archipelago, 1918-1956*. Trad. de Thomas P. Whitney. Nova York: Harper & Row, 1973.
VIOLA, Lynne, *The Unknown Gulag: The Lost World of Stalin's Special Settlements*. Nova York: Oxford University Press, 2007.

Capítulo 4

ALEXOPOULOS, Golfo. "Portrait of a Con Artist as a Soviet Man". *Slavic Review*, v. 57, n. 4, 1998.
BIALER, Seweryn. *Stalin and His Generals: Soviet Military Memoirs of World War II*. Boulder: Westview Press, 1984.
DUNHAM, Vera S. *In Stalin's Time: Middle-Class Values in Soviet Fiction*. Cambridge: Cambridge University Press, 1976.
FITZPATRICK, Sheila. *On Stalin's Team: The Years of Living Dangerously in Soviet Politics*. Princeton: Princeton University Press, 2015 (*ver especialmente o capítulo 9 sobre a "liderança coletiva" pós-Stálin*).
_____. "Annexation, Evacuation and Antisemitism in the Soviet Union, 1939-1946". In: EDELE, Mark; FITZPATRICK, Sheila; GROSSMANN, Atina

(Orgs.). *Shelter from the Holocaust: Rethinking Jewish Survival in the Soviet Union*. Detroit: Wayne State University Press, 2017.

GORLIZKI, Yoram; KHLEVNIUK, Oleg. *Cold Peace: Stalin and the Ruling Circle, 1945-1953*. Oxford: Oxford University Press, 2004.

HESSLER, Julie. "A Postwar Perestroika? Toward a History of Private Enterprise in the USSR". *Slavic Review*, v. 57, n. 3, pp. 516-42, 1998.

KHRUSHCHEV, Nikita. *Khrushchev Remembers*. Org. e trad. de Strobe Talbott. Boston: Little Brown, 1970.

OVERY, Richard. *Russia's War: A History of the Soviet War Effort, 1941-1945*. Londres: Penguin, 1998.

ZUBKOVA, Elena. *Russia after the War: Hopes, Illusions, and Disappointments*. Org. e trad. de Hugh Ragsdale. Armonk: M. E. Sharpe, 1998.

ZUBOK, Vladislav. *Zhivago's Children: The Last Russian Intelligentsia*. Cambridge: Harvard University Press, 2009.

Capítulo 5

BIALER, Seweryn. *Stalin's Successors: Leadership, Stability, and Change in the Soviet Union*. Cambridge: Cambridge University Press, 1980.

CRANKSHAW, Edward. *Khrushchev's Russia*. Harmondsworth: Penguin, 1959.

FITZPATRICK, Sheila, "Popular Sedition in the Post-Stalin Soviet Union". In: KOZLOV, Vladimir; FITZPATRICK, Sheila; MIRONENKO, Sergei V. (Orgs.). *Sedition: Everyday Resistance in the Soviet Union under Khrushchev and Brezhnev*. New Haven: Yale University Press, 2011.

KOZLOV, Denis; GILBURD, Eleonory (Orgs.). *The Thaw: Soviet Society and Culture during the 1950s and 1960s*. Toronto: University of Toronto Press, 2013.

RYAN, Michael (Org.). *Contemporary Soviet Society. A Statistical Handbook*. Brookfield: Edward Elgar, 1990.

TAUBMAN, William. *Khrushchev: The Man and His Era*. Nova York: W. W. Norton, 2003.

ZUBOK, Vladislav; PLESHAKOV, Constantine. *Inside the Kremlin's Cold War: From Stalin to Khrushchev*. Cambridge: Harvard University Press, 1996.

Capítulo 6

FITZPATRICK, Sheila. *A Spy in the Archives*. Melbourne: Melbourne University Press, 2013.

LEDENEVA, Alena V. *Russia's Economy of Favours: Blat, Networking and Informal Exchange*. Cambridge: Cambridge University Press, 1998.

MILLAR, James R. "The Little Deal: Brezhnev's Contribution to Acquisitive Socialism". *Slavic Review*, v. 44, n. 2, pp. 694-706, 1985.

SCHATTENBERG, Susanne. *Brezhnev: The Making of a Stateman*. Londres: I. B. Tauris, 2021.
SMITH, Hedrick. *The Russians*. Nova York: Ballantine Books, 1976.
YURCHAK, Aleksei. *Everything Was Forever, Until It Was No More: The Last Soviet Generation*. Princeton: Princeton University Press, 2006.

Capítulo 7

GILL, Graeme J.; MARKWICK, Roger D. *Russia's Still-Born Democracy? From Gorbachev to Yeltsin*. Oxford: Oxford University Press, 2000.
HOUGH, Jerry F. *Democratization and Revolution in the USSR, 1985-1991*. Washington: Brookings Institution Press, 1997.
PESMAN, Dale. *Russia and Soul: An Exploration*. Ithaca: Cornell University Press, 2000.
RIES, Nancy. *Russian Talk: Culture and Conversation during Perestroika*. Ithaca: Cornell University Press, 1997.
TAUBMAN, William. *Gorbachev: His Life and Times*. Nova York: Simon & Schuster, 2017.
WHITE, Stephen. *Gorbachev and After*. Cambridge: Cambridge University Press, 1992.

Conclusão

DERLUGUIAN, Georgi M. *Bourdieu's Secret Admirer in the Caucasus: A World System Biography*. Chicago: University of Chicago Press, 2005.
FITZPATRICK, Sheila. "Becoming Post-Soviet". In:____. *Tear Off the Masks! Identity and Imposture in Twentieth-Century Russia*. Princeton: Princeton University Press, 2005.
MYERS, Steven Lee. *The New Tsar: The Rise and Reign of Vladimir Putin*. Nova York: Alfred A. Knopf, 2015.
PELEVIN, Viktor. *Homo Zapiens*. Trad. de Andrew Bromfield. Nova York: Penguin, 2006.
PUTIN, Vladimir; GEVORKYAN, Nataliya; TIMAKOVA, Natalya; KOLESNIKOV, Andrei. *First Person: An Astonishingly Frank Self-Portrait by Russia's President*. Trad. de Catherine A. Fitzpatrick. Nova York: Public Affairs, 2000.

Índice remissivo

A

aborto, 21, 94, 212
Academia de Ciências (Rússia), 179, 192, 203, 217
ação afirmativa, 21, 82, 148, 157
Acordo de Ialta (1945), 117, 119, 127
Afanássiev, Iúri, 216
Afeganistão, 11, 169
agricultura, 9, 79-80, 90, 124, 151, 161
alcoolismo, 159
Aleksei, tsarevitch, 33-4
Alemanha, 30, 56-7, 70, 95, 104-5, 108, 110, 117-9, 146, 198-9; Conferência de Munique (1938), 104; Exército alemão, 104, 106, 108; nazista, 95, 103, 134; *ver também* Segunda Guerra Mundial
Alemanha Oriental (República Democrática Alemã), 146, 198-9, 224
Alexandra, imperatriz, 33
Alexandre II, tsar, 22, 28
alfabetização, 21, 24, 32, 50, 65, 140
"alfabetização política", 15, 176
Allilúieva, Svetlana (filha de Stálin), 123, 179
"alma russa" (*duchá*), 200
Alma-Ata (Cazaquistão), 58, 73, 191
Andrópov, Iúri, 156, 184-5, 188
antissemitismo, 56, 125-6, 137, 168, 187, 194, 201
apartamentos, 39-40, 136, 143, 158, 175, 216; *ver também* habitação na URSS
Arbátov, Gueórgui, 167-8
armas nucleares, 121, 165
Armênia, 20, 58, 99, 172, 205, 222
artes, 62, 93, 125, 145; facciosismo artístico, 62; literatura, 93, 172; "realismo socialista", 93
Ásia Central, 19-22, 43, 59, 81, 85-6, 89, 113, 125, 137, 149, 164, 170, 172-3, 191, 195, 202, 205
Assembleia Constituinte, 34
"ateísmo científico", cursos universitários de, 142
atraso, 15, 21-2, 48, 64, 230
Auschwitz, campo de concentração de (Polônia), 114
Azerbaijão, 20, 24, 58, 149-50, 172, 204, 207, 221-2
azeri, idioma, 19, 149

B

Baikal (lago siberiano), 172
Baker, James, 199, 209

Bakhchanyan, Vagrich, 180
Baku (Azerbaijão), 24, 41, 50, 108-9
bálticos, países, 20, 105-6, 108, 124, 171, 193, 203, 205; *ver também* Estônia; Letônia; Lituânia
Banco Central da Rússia, 224
Bandera, Stepan, 113
Baránskaia, Natália, 177
Batalha de Khalkhin Gol (1939), 110
Batalha no Gelo (Rússia, séc. XIII), 107
bem-estar social, 89, 142-3, 174, 189, 211, 215
Bénder, Óstap (personagem), 124
"benderitas" (guerrilheiros ucranianos antissoviéticos), 228
Berezóvski, Boris, 217, 225
Berlim, 30, 109, 114-5, 120-1, 146, 165, 167, 199; construção do Muro de, 146
Bessarábia, 105
Bialer, Seweryn, 12, 168
Biblioteca do Congresso (EUA), 12
Biblioteca Widener (Harvard), 73
bibliotecárias, 96
Bielorrússia, 58, 105, 108, 112-3, 172, 200, 210
Biéria, Lavriénti, 79, 100, 110-1, 114, 118, 121, 127-8, 132-6, 139, 147, 150
Bierut, Boleslaw, 138
blat ("a segunda economia"), 162
boiardos, 22, 69
bolcheviques/bolchevismo, 11, 14, 20-2, 30-1, 37-42, 44, 47-51, 53-4, 56, 59-63, 68-9, 72, 88, 100-1, 103, 125; "velhos bolcheviques", 63, 68, 71; *ver também* Partido Bolchevique
bomba atômica, 121
Bréjnev, Leonid, 9-11, 82, 153, 155-8, 165-7, 169, 171, 184-5, 191, 197, 200, 212, 227; bem-estar social na era Bréjnev, 174; defesa e Forças Armadas, 164; doença e morte, 155; "doutrina Bréjnev", 166, 198; e as repúblicas da Ásia Central, 164; economia, 155, 161-4; educação, 159, 173, 177, 211; era Bréjnev, 9-11, 157, 159, 171-2, 211, 227; era Bréjnev, 155-81; gastos militares de, 164; habitação, 158; liderança de, 162, 164, 169, 186; perfil de, 10; relações exteriores, 197; vida cotidiana dos cidadãos soviéticos na era Bréjnev, 174
Brodsky, Joseph, 179
budismo, 80
Bukhárin, Nikolai, 56, 60, 65-7, 69, 71-2, 88, 91, 100, 187
Bulgánin, Nikolai, 132, 139
Bulgária, 43, 223
burguesia, 11, 30, 34, 36, 39-40, 53, 59-60, 62-3, 67, 77, 81, 93, 144, 163
Burlátski, Fiódor, 154, 184-5
burocracia, 11, 52, 74, 102, 164, 172, 188
Burton, Christopher, 123
Bush, George H. W., 208
Bushnell, John, 175
Byrnes, Robert, 12

C

calendário gregoriano versus juliano, 21
camponeses, 14, 22, 24, 27-8, 33, 35, 40, 42, 47-50, 53, 57, 61, 63, 69, 71, 77-83, 85, 90, 92, 121, 142, 144, 154, 157, 188, 217; Tambov, revolta camponesa de (Rússia, 1920), 50; *ver também* cúlaques (camponeses ricos)

campos de concentração nazistas, 114
campos de trabalho do gulag, 83
Canadá, 121
capitalismo, 14-5, 27, 30, 39, 57, 59, 67, 70, 77, 89, 101, 104, 118-9, 128, 138, 146, 157, 183, 199, 213, 218; "selvagem", 16, 215, 225
Caso de Leningrado (anos 40-50), 124, 137
Castro, Fidel, 152
Catarina, a Grande (imperatriz da Rússia), 22
Catedral de Cristo Salvador (Moscou), 142, 220, 230
Catedral de São Basílio (Moscou), 23
Cáucaso, 22, 43, 86, 108, 113, 150, 164, 170, 222
Cazaquistão, 19, 73, 79-80, 90, 112, 114, 125, 133, 140-1, 153, 155, 161, 170, 191, 205, 221; Terras Virgens, programa de Khruschóv no, 141, 153, 161, 171
Ceauşescu, Nicolae, 198, 199
Cemitério de Novodiévitchi (Moscou), 153-4
censos: primeiro censo moderno da Rússia (1897), 22, 26; da URSS (1959), 112; da URSS (1989), 190
censura, 121, 176, 211
"centralistas democráticos", 61, 68
Chápochnikov, Evguiêni, 209
"chauvinismo russo", 20
Chechênia, 58
China, 16, 43, 79, 118, 127, 138, 146, 162, 165-6, 186; revolução cultural (anos 1960), 76
Chostakóvitch, Dmítri, 145
Churchill, Winston, 111-2, 117, 121
CIA (Central Intelligence Agency — Agência Central de Inteligência dos EUA), 137, 159, 179
classe média, 29, 144, 163, 175, 212

classe operária *ver* proletariado
clero, 24, 142
Cohen, Stephen F., 12, 228
coletivização, 9, 76-81, 83, 85, 90-1, 101, 136-7, 187
comércio exterior da URSS, 60, 127
Comintern (Internacional Comunista), 50, 67, 95
Comissariados do Povo, 51, 53; Comissário do Povo da Indústria Pesada, 98; Comissário do Povo para a Instrução Pública, 63; NKVD (Comissariado do Povo de Assuntos Internos), 92
Comitê Central do Partido Comunista da União Soviética *ver* Politburo
Comitê Judaico Antifascista, 126
"complô dos médicos" (Hospital do Kremlin, 1952), 126, 133
Comunidade de Estados Independentes, 209
Comunidade de Estados Soberanos, 205
comunismo, 10, 12, 56, 118, 127, 145, 165; *ver também* Partido Comunista da União Soviética
"conexões", acesso a bens por meio de, 88
Conferência de Munique (1938), 104
Conferência de Potsdam (1945), 117
Congresso americano, 168
Congresso dos Deputados do Povo, 192, 196
Congresso dos Povos do Oriente, 50
Congresso dos Sovietes, 38, 47
Congressos e Conferências do Partido Comunista: 10º (1921), 56, 61; 13º (1923-1924), 68; 16º (1930), 91; 17ª Conferência (1986), 186; 17º (1934), 91; 19ª

Conferência (1988), 192; 20º (1956), 136; 23º (1966), 164; *ver também* Partido Comunista da União Soviética
Conselho de Comissários do Povo, 38, 51
Conselho de Segurança da ONU, 165
conselhos de mulheres, 192
conselhos econômicos regionais, 186
Constituição da União Soviética, 11, 19, 94, 221, 229
consumo competitivo, 163
"convergência", teoria da, 178
cooperativas, 57, 188
Coreia do Norte, 16, 118, 127
Coreia do Sul, 127
corrupção, 98, 123, 126, 137, 150, 163-4, 191, 212
"cortina de ferro", 121
Crimeia, 58, 108, 113, 117, 149, 206, 226, 230; Acordo de Ialta (1945) na, 117, 119, 127; Foros, 206, 208; tártaros da, 113, 126, 137, 226
crise dos mísseis cubanos (1962), 10, 152, 165
crise econômica soviética (anos 1990), 190, 202
Cuba, 152, 165; crise dos mísseis cubanos (1962), 10, 152, 165
cúlaques (camponeses ricos), 40, 49, 62-3, 67, 77-83, 86, 92, 101, 211; "desculaquização", 78, 80, 83
Cúpula de Genebra (1985), 197

D

Daley, Richard, 225
Daniel, Iúli, 178
Degelo (período de Khruschóv), 144-5, 148, 181, 186
democracia: "democratização" (*demokratizátsiia*) na reforma de Gorbatchov, 191-2, 215; participativa, 64; social-democracia, 30, 95, 194-5, 199-200
"democratismo de camaradagem", 121
Deng Xiaoping, 186
Déni, Víktor, 49, 57
Departamento de Estado (EUA), 121
Derluguian, Gueórgui, 222
"desculaquização", 78, 80, 83
Dia da Revolução (7 de novembro), 220; novo nome de "Dia da Reconciliação e do Acordo", 220
Dia da Vitória (1945), 115-6
Dia do Exército Vermelho (23 de fevereiro de 1978), 16
Diana, princesa de Gales, 209
Dicionário interpretativo da língua de Sovdepia (União Soviética), 221
Diderot, Denis, 22
direitos humanos, 168, 179, 194
dissidentes, 26, 30, 178-80, 194, 212
"ditadura do proletariado", 48, 51-2
divórcios na URSS, 13, 21, 62
Dmítrov, Gueórgui, 92
Donbass (Ucrânia), 24, 226
"doutrina Bréjnev", 166, 198
drujínniki (versão soviética da vizinhança solidária), 141
Dubček, Alexander, 166
Dúdintsev, Vladímir, 145, 187
Dulles, John Foster, 128, 134
Duma (parlamento russo), 33, 219, 225, 228-30
"duplo poder" (no período de Gorbatchov e Iéltsin), 204
Dzerjínski, Félix, 73, 210

E

economia: era Bréjnev, 155, 161-4; era Gorbatchov, 190, 202; era Khruschóv, 140; planejamento econômico, 56, 75, 82; reforma econômica de Gorbatchov, 186, 188-9
educação: era Bréjnev, 159, 173, 177, 211; feminina, 24; superior, 144, 158, 168, 175
Egito, 167
Ehrenburg, Iliá, 114, 144
Eisenhower, Dwight, 128, 134, 147
Ejov, Nikolai, 88, 101
eleições, 47, 69, 95, 97, 191-4, 202-3, 215, 219, 224-5
emigração, 26, 28, 31, 43, 74, 119, 168, 180; judaica, 168
Engels, Friedrich, 27
engenheiros, 77, 86
Enukidze, Avel, 96
Escandinávia: social-democracia escandinava, 199-200
Escola Superior do Partido, 216
escritores, 93, 123, 154, 164, 172, 178, 187, 193, 229
Eslováquia, 223
Eslovênia, 223
Estados Unidos, 9-12, 95-6, 109, 112, 117-9, 123, 127-8, 134, 140-1, 146, 154, 157-9, 165-9, 173, 180, 183, 197, 208, 226; Congresso americano, 168; emenda punitiva Jackson-Vanik à Lei de Reforma do Comércio dos Estados Unidos, 168; Exército americano, 121; expectativa de vida americana, 190; investimentos privados americanos na Rússia pós-soviética, 222; Lei de Reforma do Comércio dos Estados Unidos (1974), 168; Partido Republicano, 127; PIB (produto interno bruto) dos, 158; Salt I (tratado de limitação de armas estratégicas, anos 1970), 167
Estados-nação da antiga URSS, 221
estamentos sociais, 24
Estônia, 20, 105, 194
Estudantes, 50, 81, 93, 137
Europa: Ocidental, 10, 22, 26, 118; Oriental (Leste Europeu), 11, 16, 56, 103, 117-9, 138, 142, 146, 166, 169, 183, 198-200; visão de Gorbatchov da, 198
Evtuchenko, Evguiêni, 145, 151, 181, 187
Exército alemão, 104, 106, 108
Exército americano, 121
Exército Imperial (Rússia), 33, 40, 42, 48
Exército Vermelho (Exército soviético), 16, 19, 42, 44, 48, 50, 54-5, 61, 74, 103, 105, 109-10, 113-4, 127; Dia do Exército Vermelho (23 de fevereiro de 1978), 16
exércitos brancos, 43
expectativa de vida na URSS, 13, 140, 159, 188, 190, 217
Exposição Internacional de Paris (1937), 76

F

facciosismo na URSS, 61, 62
fascismo, 95, 103
Federação Russa, 16, 116, 214, 219, 228

Federação Transcaucasiana, 19-20, 45
Fiat, 161
Finlândia, 36-7, 44, 105
foice e martelo (emblema da URSS), 19
fome, 9, 48, 90-1, 122, 185, 227, 229; Holodomor (fome ucraniana, anos 1930), 90, 229
Foros (Crimeia), 206, 208
França, 40, 103-4, 109, 118, 178, 198; Exposição Internacional de Paris (1937), 76
"frentes populares" na URSS, 193, 202
Fulton (Missouri, EUA), 121
Fundação Gorbatchov, 227

G

Gagárin, Iúri, 145
Gaidar, Egor, 215
Gamsakhúrdia, Zviad, 205, 222
Ganf, Iu., 97
Genebra, 29; cúpula de Genebra (1985), 197
Geórgia, 20, 41, 45, 58, 74, 79, 99, 134, 136, 138, 150, 172, 194, 197, 205, 221, 223, 226
glasnost (abertura e transparência), 186-7, 189, 193, 200
Gomulka, Władysław, 138
Gorbatchov, Mikhail, 123, 160, 169, 172, 181, 184-92, 194-200, 202, 204-9, 218, 223, 227-8, 231; "democratização" (*demokratizátsiia*) na reforma de Gorbatchov, 191-2, 215; demografia soviética sob, 190; "duplo poder" (no período de Gorbatchov e Iéltsin), 204; e o Soviete Supremo, 192-3, 195, 197; e reforma interna, 184-6; eleições e, 215, 219; estratégia política de, 190; Fundação Gorbatchov, 227; *glasnost* (abertura e transparência), 186-7, 189, 193, 200; golpe contra (1991), 206-9; *perestroika* (reconstrução), 90, 186-7, 192, 194, 197, 200-1, 203, 205, 213, 217-8, 222; preocupações nacionais sob, 191; presidente executivo, 196-7; primeiros-secretários e, 193, 204; questão das declarações de soberania, 202; reforma econômica de, 186-9; reformas de, 184, 188; relações exteriores sob, 197, 222; renúncia à presidência, 209; social-democracia escandinava e, 199; visão reformista de, 198
Gorbatchova, Raíssa, 123, 186
Gouzenko, Ígor, 121
Governo Provisório (Rússia revolucionária), 34, 36-8
GPU (polícia secreta soviética, sucessora da Tcheka), 53, 73, 78, 81, 83, 86, 100
Grã-Bretanha, 22, 26, 30, 40, 103-4, 109, 117, 198, 218
Grandes Expurgos (1937-8), 9, 95, 97-8, 100-3, 110, 122, 124, 136-7, 157, 187, 211
"grandes russos" (cidadãos russos propriamente ditos), 26, 44
Gretchko, Andrei, 164
greves na URSS, 152
Gromiko, Andrei, 156
Grossman, Vassíli, 114
"Grupo Antipartido", 139, 147, 151
grupos étnicos, 59, 82, 100, 204

guerra civil russa (1917-22), 9, 16, 19, 38-42, 44, 48, 50, 52, 54-6, 60-1, 63, 65, 70, 72, 74-5, 81, 105, 110, 112, 122, 146, 169, 229
Guerra da Coreia (1950-3), 127, 134
Guerra do Vietnã (1955-75), 165, 167, 169
Guerra dos Seis Dias (Israel, 1967), 167
Guerra Fria, 9, 12, 26, 118, 123-4, 146, 166-7, 197-8, 231
guerra russo-japonesa (1905), 26
gulag, 26, 83, 92, 102, 122-3, 133, 136, 145, 173, 178, 200, 211

H

habitação na URSS, 143-4
Harbin (Manchúria), 43
Harvard, Projeto de Entrevistas de, 160
Hegel, Georg Wilhelm Friedrich, 15
Hemingway, Ernest, 123
Hessler, Julie, 122
Hitler, Adolf, 103-4
Holocausto, 114, 183
Holodomor (fome ucraniana, anos 1930), 90, 229
"homem soviético", 16, 224
Honecker, Erich, 198, 199
Hospital do Kremlin (Moscou), 126
Hough, Jerry, 12, 185
Hungria, 138-9, 162, 166, 199, 223; Novo Mecanismo Econômico (NME), 162; Revolução Húngara (1956), 138

I

Iagoda, Guenrikh, 100
Iákovlev, Aleksandr, 172, 191
Ialta, Acordo de (1945), 117, 119, 127
Ianáiev, Guennádi, 206
Iannucci, Armando, 128
Iázov, Dmítri, 206
"idade de ouro" soviética (anos 1920), mito da, 61-2
Iéltsin, Boris, 186, 190, 192-5, 201, 203-9, 215, 217, 219, 222-5, 227; "duplo poder" (no período de Gorbatchov e Iéltsin), 204; Museu Iéltsin, 227
Igreja católica, 26, 170
Igreja ortodoxa, 21, 26, 74, 80, 107, 123, 194, 220, 225, 229
igualitarismo, 174, 211
Ilf, Iliá, 124
Império Russo, 14, 19-21, 24-5, 30, 37, 44-5, 56, 105, 206
imprensa: livre, 218; soviética, 51, 77, 87, 104, 187
"indigenização" na URSS, 59
indústria: da mineração, 24; de defesa, 103; industrialização, 9, 24, 70-1, 75-7, 81, 91; investimento de capital na, 161; metalúrgica, 24; modernização industrial, 21, 56, 178
"inimigos de classe", 94, 96
Instituto de Estudos Americanos (URSS), 167
intelligentsia, 24, 28, 62, 93, 100, 125, 142, 144, 166, 175, 186-7, 193, 218
Internacional Comunista *ver* Comintern
internacionalismo, 72
Irã, 167
islamismo, 26, 80, 124, 167, 170, 222
Islândia, 197
Israel, 127, 167-8
Itália, 118; fascismo, 95, 103; Fiat, 161

Iugoslávia, 43
Iurchak, Aleksei, 173
Iussúpov, Félix, 33

J

Jackson-Vanik (emenda punitiva à Lei de Reforma do Comércio dos Estados Unidos de 1974), 168
Japão, 22, 26, 41, 89, 110
Jdánov, Andrei, 201
Jogos Olímpicos (Moscou, 1980), 11
Jordânia, 167
judaísmo, 72
judeus, 20-1, 26, 30, 33, 40, 44, 56, 59, 72, 114, 121, 125-7, 167-8, 187; Comitê Judaico Antifascista, 126; emigração judaica, 168
Júkov, Gueórgui, 110, 115-6, 133, 138-9, 147, 165
julgamentos de fachada na URSS, 77
Juventude Comunista *ver* Komsomol (União da Juventude Comunista)

K

Kaganóvitch, Lázar, 59, 74, 125, 127, 132, 134, 136, 139-40
Kalínin, Mikhail, 53, 56, 196, 201
Kalnbērziņš, Jānis, 149
Kámenev, Liev, 55-6, 69, 71, 96
Kara-Dag (gasoduto), 150
Katyn, floresta de (Rússia), 114
Kazan (Tartária), 29, 204, 222
Kendall, Donald, 177
Kennedy, John F., 96, 131, 153
KGB (serviço secreto soviético), 154, 179-80, 184, 203, 206, 219, 224, 226
Khaldei, Evguiêni, 115
Khalkhin Gol, batalha de (1939), 110
Kharkov (Ucrânia), 24
Khodorkóvski, Mikhail, 217, 225
Khruschóv, Nikita, 9-10, 15, 82, 96, 111, 118, 128, 131-3, 135-43, 145-58, 161, 165, 167, 170, 180-1, 185-6, 190-1; "ateísmo científico" (cursos obrigatórios nas universidades), 142; bem-estar social no período de, 142-3; campanhas contra "parasitas sociais", 141, 179; Degelo (período de Khruschóv), 144-5, 148, 181, 186; "Discurso Secreto" (1956), 96, 137-8, 145, 170; era Khruschóv, 140-44, 175-6; gastos militares de, 147; habitação urbana e, 143; intolerância à religião, 141-2; lei "antiparasita" (1964), 179; memórias de, 141, 154; no pódio nas Nações Unidas (1960), 146-7; programa espacial soviético sob, 145-6; queda de, 151-4; reformas pós-Stálin, 131, 140-1; relações exteriores, 226, 229; retomada das ações afirmativas, 82, 148; socialismo participativo, 141; sucesso econômico na era Khruschóv, 140; Terras Virgens (programa de Khruschóv no Cazaquistão), 141, 153, 161, 171; túmulo de, 153-4
Kiérenski, Aleksandr, 37-8
Kiev (Ucrânia), 24, 41, 193, 208
Kim Il-sung, 118
Kirill, patriarca, 229-30
Kírov, Serguei, 92, 96, 137
Koestler, Arthur, 100
Kohl, Helmut, 198-9

Komsomol (União da Juventude Comunista), 62-3, 69, 80-1, 86-7, 96, 173, 190, 217, 222
Kondrátov, F. F., 87
Kónev, Ivan, 138
Kornílov, Lavr, 37, 206-7
Kossíguin, Aleksei, 155, 161
Kótchetov, Vsévolod, 176
Kózirev, Andrei, 223
Kravtchuk, Leonid, 205
Kremlin (Moscou), 23, 67-8, 96, 115, 126, 128-9, 209-10, 220, 224
Kriútchkov, Vladímir, 206
Kronstadt, revolta de (1920), 47-8
Krúpskaia, Nadiéjda, 30, 32, 66, 72, 74
Kúibichev (hoje Samara, Rússia), 108
Kúibichev, Valerian, 92
Kukriníksi, 160
Kunáiev, Dinmukhamed, 170-1, 191
Kurtchátov, Ígor, 121

L

Lei de Reforma do Comércio dos Estados Unidos (1974), 168
Leméschenko, A., 10
Lênin, Vladímir, 9-10, 26, 28-32, 36-8, 41, 44, 47, 51-7, 60-70, 72, 74, 91, 106-7, 135, 145, 156, 163, 186, 188, 220, 224-5, 227, 229, 231; culto a, 67, 71; doença e morte, 64, 67; e não russos, 44; luta pela sucessão, 74; Mausoléu de Lênin (Moscou), 67-8; na Finlândia, 36; relações com Stálin, 45, 56, 61; "Testamento" de, 66, 74, 106; últimos anos e morte de, 63-4; últimos escritos, 63-4

Leningrado (Rússia), 67, 96, 106, 109, 119, 145, 166, 195, 201, 224; Caso de Leningrado (anos 40-50), 124, 137; *ver também* São Petersburgo
Letônia, 20, 37, 105, 149, 193
"liderança coletiva" da URSS, 129, 131, 133-6, 155
Liga das Nações, 95
Liga Marxista de Luta pela Emancipação da Classe Trabalhadora, 29
línguas na URSS, 26, 59, 149, 172, 221
Lisenko, Trofim, 125
literatura na URSS, 93, 172
Lituânia, 20, 105, 170, 193
Litvinenko, Aleksandr, 226
Litvínov, Maksim, 95, 103
livre-mercado, 222
Londres, 29, 103, 225
Lozóvski, Solomon, 126-7
Lugansk (Ucrânia), 226
"lumpemproletários", 40
Lunatchárski, Anatóli, 63
Lvov, príncipe, 37

M

Magnitogorsk (complexo metalúrgico nos Urais), 86
Máiski, Ivan, 104
Majdanek, campo de concentração de (Polônia), 114
Makhnó, Néstor, 49
Malenkov, Gueórgui, 110, 127, 132-5, 139-40
Manchúria, 43, 110
Mandelstam, Nadiéjda, 88
Mandelstam, Óssip, 88
Manège (Moscou), 152
manifestações populares na URSS, 37, 138

Mao Tsé-tung, 118, 138
Marconi, Guglielmo, 125
marinheiros de Kronstadt, revolta dos (1920), 47-8
Marx, Karl, 13, 27, 48, 55, 85, 156
marxismo/marxistas, 13-5, 20, 26-8, 30, 31, 34-6, 39-40, 56, 74, 81-2, 94, 146, 157, 183, 195, 231
"mascaramento" (burgueses fingindo ser proletários), 63
Mausoléu de Lênin (Moscou), 67-8
McCarthy, Joseph, 121
McDonald's (rede de lanchonetes), 188-9
Medviédev, Jores, 179
Medviédev, Roy, 179
meio ambiente, degradação industrial do, 172, 190, 212
"Memorial" (sociedade russa de 1989), 194
mencheviques, 30, 36-8
mídia ocidental, 179
Mikhalkov, Serguei, 229
Mikoian, Anastas, 107, 111, 132, 135-7, 140, 151
Mikoian, Stepan, 132
mineração, 24, 82
Minsk (Bielorrússia), 106, 109, 120, 210
mir (organização tradicional da aldeia), 49, 224
Mitterrand, François, 198
Mjavanadze, Vassíli, 150
Moldávia, 20, 105, 108, 155, 205
Mólotov, Viatcheslav, 56, 61, 74, 83, 92, 98, 101, 103-4, 107, 110, 124, 126-8, 132-7, 139-40
Morte de Stálin, A (filme), 128
Moscou, 73, 100, 116, 124, 136, 138, 142, 144-5, 149, 153-4, 179, 201, 209-10, 219, 229; Catedral de Cristo Salvador, 142, 220, 230; Catedral de São Basílio, 23; conjuntos habitacionais em, 144; Jogos Olímpicos (1980), 11; Kremlin, 23, 67-8, 96, 115, 126, 128-9, 209-10, 220, 224; Parque dos Monumentos Caídos, 210; Praça Vermelha, 23, 68, 115-6; Rádio Moscou, 106; Universidade de, 181
muçulmanos *ver* islamismo
Múkhina, Vera, 76, 180
Mukhitdinov, Nuritdin, 149
mulheres, 24, 33, 44, 53-4, 59, 80, 82-3, 112, 141, 159, 174, 177, 190, 211, 217; bibliotecárias, 96; conselhos de, 192; educação feminina, 24; emancipação das, 21, 83, 212; filhos, 177, 190; na força de trabalho, 177; representação no Congresso, 193; retirada dos véus, 59, 81; Segunda Guerra Mundial; contribuição das mulheres na Segunda Guerra Mundial, 112
multiculturalismo na URSS, 85, 212
Munique, Conferência de (1938), 104
Murátov, Dmítri, 228
Muro de Berlim, 146
Museu Iéltsin (Rússia), 227
Mussolini, Benito, 51

N

"*Na klád bische*" [No cemitério] (canção), 160
nacionalismo(s), 20, 149, 167, 194, 203, 208
Nagorno-Karabakh, conflito de (Armênia e Azerbaijão, 1988), 204, 222

Napoleão Bonaparte, imperador da França, 22, 50-1, 107
naródniks (populistas, séc. XIX), 27
Nazarbáiev, Nursultan, 205, 221
nazismo, 12, 95, 103, 134, 219
Neizviéstni, Ernst, 151, 153-4
NEP *ver* Nova Política Econômica (NEP, na sigla em russo, anos 1920)
nepmen (burguesia comercial), 59, 62, 67, 78, 81, 92
nepotismo, 99
Nevler, K., 163
Névski, Aleksandr, 107
Nicolau II, tsar, 33
Niiázov, Saparmurat, 221, 223
Nixon, Richard, 169
NKVD (Comissariado do Povo de Assuntos Internos), 92
Nobel da Paz, Prêmio, 228
nobreza, 24, 28, 34, 39
nomes de lugares na Rússia, 201, 202
Nova Política Econômica (NEP, na sigla em russo, anos 1920), 57, 59, 72, 145, 162-3, 227
Nóvaia Gazeta (jornal), 228
Nove, Alec, 142
Nóvi Mir (revista), 63, 176-7
"Novo Curso" (manifesto de Trótski, 1923), 68
Novo Mecanismo Econômico (NME, Hungria), 162
Novotcherkassk, greve de (Rússia, 1962), 152
Nuréiev, Rudolph, 179

O

ocidentalização, 28, 124
Okhrana (polícia secreta tsarista), 28
Oktiabr (revista), 176
Okudzjava, Bulat, 176
"Olhar para o campo" (campanha de Zinóviev), 69
Olimpíadas de Moscou (Jogos Olímpicos de 1980), 11
ONU (Organização das Nações Unidas), 146-7, 165, 168
Operação Barbarossa (1941), 106
Operário e a mulher da fazenda coletiva, O (estátua de Vera Múkhina), 76
opinião pública, 94, 143, 187, 226
oposicionistas, 69, 72-3, 98, 127
Ordjonikidze, Sergo, 85-6, 92, 98-9
ortodoxos russos *ver* Igreja ortodoxa; padres
Orwell, George, 187
Otan (Organização do Tratado do Atlântico Norte), 199, 222-3, 226
Overy, Richard, 106

P

Pacto de Varsóvia (1955), 138, 199
padres, 57, 62, 67, 80-1; *ver também* clero; Igreja ortodoxa
Palácio dos Sovietes (projeto em Moscou), 142
"*Pámiat*" (memória, grupo russo), 194
Paris, 29, 158; Exposição Internacional de Paris (1937), 76
Parque dos Monumentos Caídos (Moscou), 210
Partido Bolchevique, 32, 39, 56, 60, 65; brigadas de expropriação, 40; criação da União Soviética, 19; e judaísmo, 72; faccioismo, 61; "idade de ouro" soviética (anos 1920), mito da, 61-2; militarização cultural, 54;

modernização e, 21, 56, 178; "socialismo em um país", 51, 71; *ver também* bolcheviques/bolchevismo
Partido Comunista da União Soviética, 14, 44, 48, 56, 64, 77, 97, 112, 122, 149, 175, 192, 194-6, 204, 206, 208-9, 219, 223-4; base de poder de Gorbatchov, 197; dissolução após o golpe (1991), 209; pluralismo e, 64; secretários regionais do partido, 139, 150; *ver também* congressos do partido; Politburo (Comitê Central do Partido Comunista da União Soviética)
Partido Comunista Russo (anos 1990), 195
"Partido dos Idiotas" (Rússia pós-soviética), 195
Partido Operário Social-Democrata Russo, 14
Partido Republicano (EUA), 127
Partido Socialista Revolucionário (SR), 47
partidos políticos na Rússia (anos 1990), 194
Paulus, Friedrich, 109
Pedro, o Grande (imperador da Rússia), 22
Pelévin, Víktor, 221
Pepsi, 177
Pereslávia, Tratado de (Ucrânia, 1654), 171
perestroika (reconstrução), 90, 186-7, 192, 194, 197, 200-1, 203, 205, 213, 217-8, 222
pessoas da cidade (estamento social), 24
Petrogrado (Rússia), 19, 34-9, 47, 56
petróleo, 10, 89, 108, 158-9, 162, 190, 202, 222, 225

Petrov, Evguiêni, 124
PIB (produto interno bruto) da URSS, 140, 158-9, 190
Picasso, Pablo, 145
planejamento econômico, 56, 75, 82
Plano Marshall, 118-9
Planos Quinquenais na URSS, 76, 82-6, 88-9, 96, 141
pluralismo, 61, 64
Podgórni, Nikolai, 155
pogroms, 125
polícia secreta, 28, 73, 96, 100-1, 133-4, 136
Politburo (Comitê Central do Partido Comunista da União Soviética), 50-3, 56, 61, 64-70, 74, 82, 86, 91, 96, 98-101, 107, 110-1, 121, 123-9, 131-2, 135-40, 148-51, 153-7, 164-5, 171-2, 185, 190-1, 199, 225; *ver também* Partido Comunista da União Soviética
Polônia, 22, 104-5, 113-4, 138, 166, 169, 199, 223
Polúkhin, V., 189
Popov, Aleksandr, 125
Popov, Gavriil, 195
Potsdam, Conferência de (1945), 117
Praça Dzerjínski (antes Praça Lubianka, Moscou), 23, 73, 201
Praça Vermelha (Moscou), 23, 68, 115-6
Pravda (jornal), 67
Prêmio Stálin, 229
"Presidium" (liderança soviética), 135, 155
Primeira Guerra Mundial, 32, 57
privatização, 189, 205, 215
programa espacial soviético, 145-6
Projeto de Entrevistas de Harvard, 160
proletariado, 14, 27, 31, 36, 39, 48, 51-2, 163; classe operária, 28,

31, 39-40, 47-8, 77, 82, 142, 144, 224; "ditadura do proletariado", 48, 51-2; "lumpemproletários", 40; revolta de Kronstadt (anos 1920), 47-8; trabalhadores "conscientes", 31, 48, 54, 76
propaganda soviética, 79, 107, 113, 212
propriedade estrangeira na URSS, 24, 39
Protocolos dos sábios de Sião (panfleto antissemita), 56
Pútin, Vladímir, 222, 224-7, 229-31

Q

Quirguistão, 19, 58, 226

R

racionamento na URSS, 55, 78, 93
radicalização, 28
rádio, 107, 177; invenção do, 125
Rádio Liberty, 212
Rádio Moscou, 106
Raspútin, Grigóri, 33
Raspútin, Valentin (escritor), 172, 193
Reagan, Nancy, 198
Reagan, Ronald, 197
"realismo socialista", 93
referendos, 202, 205, 208
regiões autônomas da Rússia, 204
Relações Exteriores, 95, 103, 127, 132, 186, 197, 199, 222-3
religião: na Rússia imperial, 26; na URSS, 31, 141-2; *ver também* Igreja ortodoxa
República Democrática Alemã *ver* Alemanha Oriental
República Socialista Federativa Soviética Russa (RSFSR), 19, 112, 203
"República Socialista Soviética Mundial", 45
revistas "grossas", 188, 217
"revolução cultural" stalinista, 76-8, 81-2, 141
Revolução de 1905 (Rússia), 26, 33
"revolução de cima", 75
Revolução Francesa (1789), 50, 184
Revolução Húngara (1956), 138
Revolução Industrial (séc. XVIII), 22, 85
Revolução Russa: Revolução de Fevereiro (1917), 33-5, 38; Revolução de Outubro (1917), 13, 19, 21, 38, 64
revolucionários: marxistas, 13, 28, 31; populistas (séc. XIX), 27
revoluções "coloridas" de 2003-5 (Geórgia, Ucrânia e Quirguistão), 226
Reykjavík (Islândia), 197
Ribbentrop, Joachim von, 103
Riga (Letônia), 24, 37, 120
Ríkov, Aleksei, 91
Rokossóvski, Konstantin, 114, 138
Romênia, 198, 199, 223
Roosevelt, Franklin D., 111-2, 117
Rosenberg, Ethel, 121
Rosenberg, Julius, 121
"Rukh" (organização política), 194
Rússia: antissemitismo na, 125; Banco Central da, 224; consumo ostentatório na nova Rússia, 218; europeia, 22, 80; Exército Imperial, 33, 40, 42, 48; Federação Russa, 16, 116, 214, 219, 228; Governo Provisório (Rússia revolucionária), 34-8;

"grandes russos" (russos propriamente ditos), 26, 44; guerra russo-japonesa (1905), 26; hino nacional da, 229; Império Russo (Rússia imperial), 14, 19-21, 24-5, 30, 37, 44-5, 56, 105, 206; imprensa livre na, 218; investimentos privados americanos na Rússia pós-soviética, 222; Jogos Olímpicos (Moscou, 1980), 11; maior taxa per capita de suicídios do mundo (2002), 217; McDonald's (rede de lanchonetes) na, 188-9; nomes de lugares na, 201, 202; novos-ricos da, 218; partidos políticos na Rússia (anos 1990), 194; pogroms tsaristas, 125; regiões autônomas, 204; Rússia pós-soviética (nova Rússia), 116, 215, 218-9, 222, 228; *shok* ("terapia de choque" sob Iéltsin), 215; urbanização da, 24

"Rússia Democrática" (grupo reformista dos anos 1990), 195

Rússia Unida (partido dos anos 2000), 225

russificação, 30, 124, 133

russo, idioma, 19, 27, 39, 57, 67, 172, 221, 226

S

Saakachvíli, Mikheil, 222
Sákharov, Andrei, 179, 193-4
Salisbury, Harrison, 133
Salt I (tratado de limitação de armas estratégicas, anos 1970), 167
Samara (Rússia), 41, 108

samizdat (literatura clandestina na URSS), 176, 178

São Petersburgo (Rússia), 14, 22, 24, 29, 34, 202; *ver também* Leningrado

Sats, Ígor, 63

Scherbítski, Volodimir, 90, 171

Schússev, Aleksei, 68

secessão, direito constitucional de, 19, 229

Segunda Guerra Mundial, 9, 109, 112, 118, 132, 176, 183, 186, 211, 228; aquisição soviética de territórios, 105; Conferência de Potsdam (1945), 117; contribuição das mulheres, 112; Dia da Vitória (1945), 115-6; como "Grande Guerra Patriótica" na história soviética, 106-7; Khalkhin Gol, batalha de (1939), 110; libertação de campos de concentração nazistas, 114; ocupação alemã da União Soviética, 108-9, 112, 115; ocupação soviética do leste da Polônia, 104-5, 114; Operação Barbarossa (1941), 106; organizações de veteranos, 176; pacto de não agressão (Alemanha-URSS, 1939), 103-4, 125; pacto de neutralidade (Japão-URSS, 1941), 110; perdas populacionais, 119; pós-guerra, 111-2, 117-8, 122-3, 132, 141, 148, 160, 175, 187, 224; reconstrução econômica da Europa no pós-guerra, 118; União Soviética como superpotência emergente, 116, 117; valas comuns de oficiais poloneses na floresta de Katyn (Rússia), 114

Semiónova, I., 10

Semitchástni, Vladímir, 154
Serviço de Segurança Federal (FSB, União Soviética), 219
Shevardnadze, Eduard, 186, 197, 222
shok ("terapia de choque" sob Iéltsin), 215
Sibéria, 22, 24, 26, 41, 77, 86, 89, 108, 125, 172
Sindicato dos Escritores (Rússia), 192-3
sindicatos, 93, 192
Siniávski, Andrei, 178
Síria, 167
Skripals, Serguei, 226
"soberania" das repúblicas soviéticas, 202-4, 222
Sobtchak, Anatóli, 195, 224
social-democracia, 30, 95, 194-5, 199-200
socialismo, 10-1, 14-7, 21, 27, 39, 48, 51, 55-6, 70, 72, 87, 93, 123, 134, 141, 146, 166, 174, 183, 186, 188, 199, 211-3, 230; "com rosto humano", 166; participativo, 141; "realismo socialista", 93; "socialismo em um país", 51, 71
sociedade civil, 143, 151
Solidariedade (movimento polonês), 169
Soljenítsin, Aleksandr, 145, 179, 187, 229
Sorge, Richard, 106
soslóviia (estamentos sociais), 24
Soviete de Petersburgo, 26, 36, 74
Soviete Supremo, 53, 155, 192-3, 195, 197, 203
sovietes, 36, 38, 48, 53, 65, 69, 192; sovietização, 124; sovietologia, 12, 134, 142
sovok (pá de lixo, termo pejorativo para "homem soviético"), 221

Sputnik (satélite soviético), 145
Stálin, Ióssif, 9, 11, 45, 52, 56, 61, 65-6, 68-77, 79, 83, 85-6, 88, 90-4, 96-101, 103-8, 110-2, 115-7, 119, 121, 123-9, 131-9, 141, 143, 148, 150, 156-7, 179, 227-9; Conferência de Potsdam (1945), 117; culto a, 91; desconfiança do Ocidente, 103, 104; discursos de guerra de, 107; e Nadiéjda Krúpskaia, 66; e o assassinato de Kírov, 96, 137; e secretários regionais do partido, 139; funeral de, 131-3; morte de, 9, 12, 128, 131, 135, 150; "socialismo em um país", 51; suicídio da esposa, 91; visita à Sibéria, 77
Stalingrado (Rússia), 109
stalinismo, 75, 133, 136-7, 148, 176, 180; coletivização, 90; coletivização da agricultura camponesa, 9; "Constituição de Stálin", 94; desprivatização da economia urbana, 78; e o "Congresso dos Vitoriosos" (XVII Congresso do Partido Comunista), 91; Grande Ruptura" (1929-1932), 76; Grandes Expurgos (1937-8), 9, 95, 97-8, 100-3, 110, 122, 124, 136-7, 157, 187, 211; industrialização em ritmo forçado, 9; Planos Quinquenais, 76, 82-6, 88, 96, 141; políticas de "retorno à normalidade" (anos 1930), 96; resultados, 88-90, 94; "revolução cultural", 76-8, 81-2, 141
Stanislávski, Konstantin, 53
Suécia, 36
Suíça, 218

255

suicídios, taxa per capita de (Rússia, 2002), 217
Sukhánov, Nikolai, 74
Suvórov, Aleksandr, 107

T

Tadjiquistão, 19, 85
Tambov, revolta camponesa de (Rússia, 1920), 50
tamizdat (literatura proibida trazida do Ocidente), 176, 178
Tartária/Tartaristão, 58, 99, 204, 222
tártaros, 113, 126, 137, 226
taxas de natalidade na URSS, 172
Tbilisi (Geórgia), 109, 138, 150, 152
Tchecoslováquia, 43, 104, 166, 175, 178, 186, 199
Tcheka (polícia secreta soviética), 39, 53, 72
Tcherepánov, Iu., 171, 196
Tchernenko, Konstantin, 156, 184-5
Tchernóbil, desastre nuclear de (Ucrânia, 1986), 189, 200-1, 212
Tchetchênia, 204, 222, 224, 225
Teatro da Juventude Operária (Moscou), 87
Terceiro Mundo, 16, 139, 149, 157, 165-7
Terras Virgens (programa de Khruschóv no Cazaquistão), 141, 153, 161, 171
Thatcher, Margaret, 198
Timochenko, Semion, 110
Tocqueville, Alexis de, 184
Tóquio (Japão), 106
totalitarismo soviético, 12, 14, 134, 229
Tratado de Brest-Litovsk (1918), 41, 60
Tratado de Pereslávia (Ucrânia, 1654), 171
"trem selado", 36
tribunais de camaradas, 141
tributação na URSS, 203
Trótski, Liev, 26, 30, 37-8, 42-3, 50, 55-6, 61, 65-74, 127, 154, 187; assassinato de, 73; deportação da União Soviética, 73; "Novo Curso" (manifesto de 1923), 68
tsares, 27, 230; colapso do tsarismo, 28
Tukhatchévski, Mikhail, 99
Turcomenistão, 19, 85, 221, 223

U

Ucrânia, 21-2, 24, 41, 48, 58, 74, 80, 86, 90, 99, 105, 108, 112, 113, 124, 137, 148-50, 155, 171-2, 194, 200-1, 205, 208, 223, 226, 228, 230; "desindustrialização" da, 231; "distritos autônomos" na, 21; Donbass, 24, 226; exército camponês "verde" na, 49; indigenização" na, 59; invasão russa da Ucrânia (2022), 231; Kharkov, 24; Kiev, 24, 41, 193, 208; Lugansk, 226; Organização de Nacionalistas Ucranianos, 113; Tratado de Pereslávia (1654), 171
Uliánov, Alexandr, 29
Uliánov, família, 29
Uliánov, Vladímir *ver* Lênin, Vladímir
União da Juventude Comunista *ver* Komsomol
"União das Repúblicas Soberanas Soviéticas" (1991), 205, 206

União Soviética: colapso da, 12, 16, 174, 183-4, 209, 213, 219, 221, 224, 226, 231; comércio exterior da, 60, 127; como grande produtora e exportadora de petróleo, 10; como superpotência emergente, 116-7; comuns de oficiais poloneses na floresta de Katyn (1943), 114; Constituição da, 11, 19, 94, 221, 229; "cortina de ferro", 121; criação da, 19; crise econômica soviética (anos 1990), 190, 202; declarações de soberania dos governos de frente popular (1990), 202; Degelo (período de Khruschóv), 144-5, 148, 181, 186; degradação industrial do meio ambiente, 172, 190, 212; demografia na era Gorbatchov, 190; desestalinização, 187; Dia da Vitória (1945), 115-6; *Dicionário interpretativo da língua de Sovdepia*, 221; divisão sino-soviética (durante a Guerra do Vietnã), 165, 166; divórcios na, 13, 21, 62; "duplo poder" (no período de Gorbatchov e Iéltsin), 204; emigração judaica da, 168; Exército Vermelho (Exército soviético), 16, 19, 42, 44, 48, 50, 54-5, 61, 74, 103, 105, 109-10, 113-4, 127; expectativa de vida na, 13, 140, 159, 188, 190, 217; facciosismo na, 61, 62; foice e martelo (emblema), 19; "frentes populares" na, 193, 202; golpe (1991), 206-9; Gorbatchov e a reforma interna, 184, 186; "Grande Ruptura" (1929-1932), 76; Grandes Expurgos (1937-8), 9, 95, 97-8, 100-3, 110, 122, 124, 136-7, 157, 187, 211; "Grupo Antipartido", 139, 147, 151; hino nacional soviético, 229; "homem soviético", 16, 224; "idade de ouro" soviética (anos 1920), mito da, 61-2; imprensa soviética, 51, 77, 87, 104, 187; "indigenização", 59; "inimigos de classe", 94, 96; investimento de capital na indústria, 161; Jogos Olímpicos (Moscou, 1980), 11; julgamentos de fachada, 77; "liderança coletiva" da, 129, 131, 133-6, 155; línguas na, 26, 59, 149, 172, 221; literatura na, 93, 172; manifestações populares na, 37, 138; modernização industrial, 21, 56, 178; multiculturalismo, 85, 212; Nova Política Econômica (NEP, na sigla em russo, anos 1920), 57, 59, 72, 145, 162-3, 227; Operação Barbarossa (1941), 106; partidos políticos (anos 1990), 194; período de ansiedade (anos 1920), 61; PIB (produto interno bruto) da, 140, 158-9, 190; planejamento econômico, 56, 75, 82; Planos Quinquenais, 76, 82-6, 88-9, 96, 141; políticas de "retorno à normalidade" (anos 1930), 96; população soviética, 103, 125, 140, 177, 203, 227; problema do atraso, 21; programa espacial soviético, 145-6; propaganda soviética, 79, 107, 113, 212; queda de Khruschóv, 151-4; racionamento na, 55, 78, 93; reforma econômica de Gorbatchov, 186-9; reformas

de Gorbatchov, 184-8; reformas pós-Stálin, 140; religião na, 31, 141-2; repúblicas não russas, 107, 183, 213; repúblicas soviéticas, 19, 105, 203, 213, 223; "revolução cultural" na, 76-8, 81-2, 141; russo como a língua franca da, 172; Salt I (tratado de limitação de armas estratégicas, anos 1970), 167; *samizdat* (literatura clandestina na URSS), 176, 178; secessão, direito constitucional de, 19, 229; sistema soviético, 14, 161, 188, 200, 218; Soviete Supremo, 53, 155, 192-3, 195, 197, 203; sucesso econômico na era Khruschóv, 140; taxas de natalidade na, 172; teoria da "convergência", 178; Terras Virgens (programa de Khruschóv no Cazaquistão), 141, 153, 161, 171; totalitarismo soviético, 12, 14, 134, 229
Universidade de Moscou, 181
urbanização da Rússia, 24
Ushats, M., 163
Uzbequistão, 19, 99, 124, 177, 221

V

Varsóvia (Polônia), 24, 44, 114, 120, 138; Pacto de Varsóvia (1955), 138, 199
Vassilévski, Aleksandr, 132
"velhos bolcheviques", 63, 68, 71
Verdery, Katherine, 17
"Verdes" (políticos dos anos 1990), 194
veteranos, organizações de, 176
véus das mulheres, retirada dos, 59, 81

Vichínski, Andrei, 98
Vietnã, Guerra do (1955-75), 165, 167, 169
Vissótski, Vladímir, 173
Vladivostok (Rússia), 41
vodca, 34, 83, 89, 108, 160, 174, 177, 188
vojd (líder), 67, 135
Volga, república do, 41
Voltaire, 22
Vorochílov, Klim, 74, 85, 92, 99, 126, 132, 136
Voznessiênski, Nikolai, 124
Vutchétitch, Evguiêni, 73

W

Watergate, caso (EUA, 1972), 169

X

xenofobia, 125, 231

Y

Yukos Oil, 217

Z

zakonomiérno (conceito soviético de legalidade), 27
Zero e o infinito, O (Koestler), 100
Zinóviev, Grigóri, 56, 60, 65-9, 71, 72, 96, 187
Zurique (Suíça), 29, 32, 36

Crédito das imagens

p. 10: "A causa de Lênin triunfa": A. Leméschenko
e I. Semiónova, *Krokodil*, n. 12, 1980
p. 16: "Sessenta anos e ainda dói": E. Gúrov, *Krokodil*, n. 6, 1978
p. 23: A praça Vermelha de Moscou, 1900:
cartão-postal do acervo pessoal da autora
p. 23: A praça Lubianka de Moscou: cartão-postal
do acervo pessoal da autora
p. 25: Mapa da Rússia imperial: Alan Laver
p. 29: Família Uliánov: Heritage Image Partnership Ltd./ Alamy
p. 35: Manifestação em Petrogrado, 1917: Agência
de Notícias Itar-Tass/ Alamy
p. 43: Trótski como um diabo vermelho
(Kharkiv Osvag): Pictorial Press/ Alamy
p. 49: "O cúlaque e o padre": Víktor Nikoláievitch Déni/ Alamy
p. 55: Trótski, Lênin e Kámenev: Mccool/ Alamy
p. 57: "O camarada Lênin limpa a terra da escória":
World History Archive / Alamy
p. 58: Mapa da União Soviética em 1922: Alan Laver
p. 63: Lunatchárski e Sats: foto do acervo pessoal da autora
p. 68: Mausoléu de Lênin: Chronicle/ Alamy
p. 73: Praça Dzerjínski: Sputnik/ Alamy
p. 76: Estátua de Vera Múkhina: Oleg Znamenskii/ Alamy
p. 84: Mapa dos canteiros de obras industriais do
primeiro Plano Quinquenal: Alan Laver
p. 85: Multiculturalismo na década de 1930: Arquivo de
História Sociopolítica do Estado Russo (RGASPI)
p. 87: Vida feliz na fazenda coletiva: Heritage
Image Partnership Ltd./ Alamy
p. 92: Stálin à vontade junto a companheiros próximos: Arquivo
de História Sociopolítica do Estado Russo (RGASPI)
p. 97: "Sob vigilância": Iu. Ganf, *Krokodil*, n. 14, 1937

p. 109: Mapa da ocupação alemã da União Soviética
na Segunda Guerra Mundial: Alan Laver
p. 113: "Soldado do Exército Vermelho, salve-nos!": ICP/ Alamy
p. 115: Soldados erguem a bandeira soviética no Reichstag:
Evguiêni Khaldei, Pictorial Press/ Alamy
p. 116: O garboso marechal Júkov: Agência de Notícias Itar-Tass/ Alamy
p. 117: Stálin na Conferência de Potsdam: Arquivo AF/ Alamy
p. 120: Mapa da URSS e da Europa Oriental, 1945: Alan Laver
p. 144: Novos conjuntos habitacionais em
Moscou, 1963: cortesia de Sputnik
p. 147: Khruschóv bate com o sapato: Alamy
p. 152: Khruschóv na exposição de arte: Tass/ Getty
p. 153: Túmulo de Khruschóv: Sputnik/ Alamy
p. 156: Leonid Bréjnev, 1972: Fotograaf
Onbekend/ Anefo/ Nationaal Archief
p. 160: "Especialista em vodca": cartaz do acervo pessoal da autora
p. 163: "Quem vai vencer quem?": K. Nevler e
M. Ushats, *Krokodil*, n. 11, 1979
p. 168: Gueórgui Arbátov e Seweryn Bialer: foto do acervo pessoal da autora
p. 171: A amizade das nações: Iu. Tcherepánov, *Krokodil*, n. 3, 1979
p. 180: Estátua de Vagrich Bakhchanyan: foto do acervo pessoal da autora
p. 185: Burlátski e Hough: foto do acervo pessoal da autora
p. 189: "Meu bom senhor, gostaria de um Big Mac
americano?": V. Polúkhin, *Krokodil*, n. 8, 1991
p. 196: "Glória ao Partido Comunista da União
Soviética": Iu. Tcherepánov, *Krokodil*, n. 11, 1990
p. 197: Gorbatchov e Reagan em Genebra: Everett Collection Inc./ Alamy
p. 201: Tchernóbil (2019): Philipp Zechner/ Alamy
p. 207: Discurso de Boris Iéltsin: Associated Press
p. 208: Gorbatchov e família: Iúri Lizunov, Agência
de Notícias Itar-Tass/ Alamy
p. 210: Estátua de Dzerjínski: Aleksander
Zemlianitchenko, Associated Press
p. 214: Mapa da Federação Russa e Estados circundantes: Alan Laver
p. 220: Estátuas de Lênin: Yi Liao/ Alamy
p. 223: Saparmurat Niiázov: Sputnik/ Alamy
p. 228: Gorbatchov aposentado em 2014: coleção
particular de Katrina van den Heuvel
p. 230: Pútin e Kirill, 2015: UPI/ Alamy

The Shortest History of the Soviet Union © Sheila Fitzpatrick, 2022

Todos os direitos desta edição reservados à Todavia.

Grafia atualizada segundo o Acordo Ortográfico da Língua Portuguesa de 1990, que entrou em vigor no Brasil em 2009.

capa
Bloco Gráfico
tratamento de imagens
Carlos Mesquita
preparação
Yuri Martins
índice remissivo
Luciano Marchiori
revisão
Ana Maria Barbosa
Gabriela Rocha

Dados Internacionais de Catalogação na Publicação (CIP)

Fitzpatrick, Sheila (1941-)
  Breve história da União Soviética / Sheila Fitzpatrick ; tradução Pedro Maia Soares. — 1. ed. — São Paulo : Todavia, 2023.

  Título original: The Shortest History of the Soviet Union
  ISBN 978-65-5692-390-1

  1. Europa — história. 2. União Soviética — história. 3. Comunismo. 4. Rússia — Revolução de 1917. 5. Guerra Fria. I. Soares, Pedro Maia. II. União Soviética. III. Título.

CDD 947.084

Índice para catálogo sistemático:
1. História e geografia da Rússia : Período comunista 947.084

Bruna Heller — Bibliotecária — CRB 10/2348

todavia
Rua Luís Anhaia, 44
05433.020 São Paulo SP
T. 55 11. 3094 0500
www.todavialivros.com.br

fonte
Register*
papel
Pólen natural 80 g/m²
impressão
Geográfica